LES MUSÉES
en Culottes courtes

Pour Arthur, 4 ans, Chloé, 6 ans, Jonathan, 7 ans, Jérémy, 10 ans, qui, sans le savoir, ont beaucoup travaillé.

Pour son aide, un grand merci à Rémi Stéfani.

BRIGITTE VENTRILLON et ANNE CALLY

LES MUSÉES *en Culottes courtes*

Le guide des parents

qui veulent emmener leurs enfants dans les musées

Hermé

Si vous souhaitez être tenu au courant
des publications de l'éditeur de cet ouvrage
il vous suffit d'adresser votre carte de visite
ou vos nom et adresse, à :
Éditions Hermé
3, rue du Regard - 75006 Paris.
Vous recevrez régulièrement,
sans engagement de votre part,
nos catalogues et bulletins d'informations
sur toutes nos nouveautés.

Collection « *Les guides Hermé* »

Maquette : Abigail Nunes

3, rue du Regard, 75006 Paris
ISBN : 2-86665-075-1

Sommaire

INTRODUCTION

POURQUOI AVONS-NOUS FAIT CE GUIDE ?

L'idée de ce livre nous est venue lorsque nous avons décidé d'emmener nos enfants à la découverte des musées et que nous nous sommes aperçues, après trois ou quatre tentatives, que nous frôlions la catastrophe !

Au lieu de voir, comme nous l'espérions, leur intérêt s'accroître et leurs connaissances s'élargir, ils commencèrent à se lasser, à se dégoûter...

L'explication était fort simple : n'ayant trouvé aucun guide spécifique dans les librairies, nous les emmenions au hasard.

Grisées par un thème qui nous avait paru séduisant, nous nous retrouvions souvent dans des salles sordides et austères, après avoir perdu trois heures à déchiffrer le plan distribué à l'entrée, pendant que nos adorables bambins, impatients, se lançaient dans des parties de glissades mémorables... sous l'œil ulcéré des gardiens !

Sans parler, bien sûr, de notre stupeur lorsque nous nous apercevions que l'atelier de sculpture pour lequel nous avions traversé tout Paris était justement ce jour-là réservé aux plus de 12 ans, mais qu'hélas nous avions un quart d'heure de retard pour profiter de la visite guidée... dont nous n'avions jamais entendu parler !

Alors abandonner ? Jamais ! Bien au contraire, nous avons décidé de visiter TOUS les musées. De les répertorier et de les analyser. Puis de sélectionner ceux qui déclanchent quelque chose chez les enfants, ceux qui répondent le mieux à leur formidable envie de tout découvrir, tout savoir, tout apprendre.

C'est alors que nous avons pensé faire profiter les autres de notre expérience.

Après cela, allez dire que vous n'avez pas de chance !

Les conseils

D'abord nous voudrions vous donner quelques petits conseils pratiques.

LE CHOIX DU MUSÉE

— **Pour les petits**, n'hésitez pas, choisissez en fonction du caractère de vos enfants. Nous vous déconseillons fortement par exemple d'emmener vos trois « bulldozers » admirer les collections de porcelaine chinoise au musée Guimet, vous risqueriez l'infarctus ! Proposez-leur plutôt le musée de Sculpture en plein air !

— **Pour les plus grands**, les programmes de l'école vous offrent mille possibilités...

LE TÉLÉPHONE

Essentiel ! Important ! A ne pas oublier ! Téléphonez toujours avant de vous déplacer ! Imaginez votre déception si, lorsque vous arrivez devant le musée, l'exposition a changé de thème ou, pis encore, si vous trouvez porte close... pour réaménagement de l'espace !

LA MOTIVATION

Vous avez sélectionné votre musée, vérifié les horaires, tout est donc en place pour une belle aventure... Mais encore faut-il que votre aventurier soit décidé !

Pour cela, une petite préparation est indispensable. Vous devez lui donner toutes ses chances pour bien voyager.

— **La destination :** tout explorateur digne de ce nom doit savoir où il se dirige. Parlez-lui du musée, expliquez-lui les raisons de votre choix et ce qu'il va y voir.

— **Le matériel :** on ne part pas à l'aventure sans un bon équipement. Voici la liste des choses dont vous aurez besoin :

une bonne paire de chaussures pour éviter les ampoules;

un sac à dos pour récolter les indices précieux tels billet d'entrée, cartes postales, plan du musée;

un appareil photo (si possible) pour faire un reportage complet (les photos sans pied et sans flash sont presque toujours autorisées).

N'oubliez pas de prendre les feuillets visites-découvertes ou visites-explorations quand ils sont à l'entrée. Ce sont des jeux de piste qui leur permettront de découvrir certains trésors.

— **Le retour :** quel plaisir une fois rentré à la maison d'étaler toutes ces découvertes ! Achetez-lui un cahier ou une « boîte à musée » où il pourra découper le plan et ranger ses indices et ses photos. (S'il a moins de 8 ans, faites-le avec lui.)

LA PASSION

— Si votre enfant est passionné par Orsay, la Villette, Beaubourg ou le palais de la Découverte, prenez-lui le « laissez-passer » ou l'abonnement au journal. Il recevra à la maison toutes les informations indispensables pour bien profiter de ces espaces.

— Dans les musées, le guide de la CNMHS (Caisse nationale des monuments historiques et des sites) répertorie les expositions et les conférences sur deux mois. Prenez-le à la caisse gratuitement ou abonnez-vous pour 45 F en écrivant à la CNMHS, 62, rue Saint-Antoine (hôtel de Sully), 75004 Paris.

— Pour les 7-14 ans, demandez aussi le feuillet trimestriel « Jeunes et Paris » disponible également à la CNMHS.

— Beaucoup de musées ont des librairies avec un grand choix de livres pour les enfants !

NOTA BENE

Pour les handicapés : des renseignements et des plans sont regroupés dans la brochure « accessibilité ». Elle est disponible gratuitement au service de muséologie et de l'action culturelle, 34, quai du Louvre, 75001 Paris. Tél. 42 60 39 26, poste 3850.

Pour les groupes scolaires : beaucoup d'animations et de visites sont proposées pour les écoles...

COMMENT UTILISER CE GUIDE ?

Avant toute chose, il est indispensable de vous expliquer comment nous avons construit ce guide.

Nous avons déterminé trois tranches d'âge : 4-8 ans, 8-12 ans, plus de 12 ans, et à chaque visite de musée nous retenions ce qui les concernait plus spécialement.

— **Pour les plus jeunes**, nous avons privilégié les musées passionnants qui, de plus, possédaient un espace vert. A cet âge, courir et se dépenser après ou avant une visite est nécessaire.

— **Pour les moyens,** nous avons retenu des musées qui ont des collections présentées d'une manière attrayante et intéressante, ou des activités spécialement conçues pour eux.

— **Pour les grands**, nous avons été plus larges dans notre choix car les intérêts et les passions deviennent plus aigus. A eux de choisir suivant leur goût (voir index thématique).

Nous avons été plus sélectives pour les musées d'Ile-de-France... en raison de leur éloignement ! Ne tenez pas compte de notre sévérité... si vous habitez juste à côté (voir index géographique) !

N.B. - N'ayant pas visité les musées de province, nous avons, après demandes de documentation et contacts téléphoniques, sélectionné ceux qui nous semblaient les plus attrayants pour les enfants. A vous de les découvrir ! N'hésitez pas à nous faire part de vos critiques ou de vos suggestions.

— **Les symboles**. A chaque tranche d'âge, nous attribuons un symbole : le triangle pour les petits, le rond pour les moyens, le carré pour les grands. Chaque musée reçoit une appréciation selon son intérêt pour les différents âges : un symbole = très intéressant ; deux = passionnant ; trois = à ne pas manquer. Un même musée pourra donc avoir un seul triangle (très intéressant pour les petits), deux ronds (passionnant pour les moyens), trois carrés (à ne pas manquer pour les adolescents).

PLAN DU GUIDE

Au début du livre, vous trouverez un sommaire où nous avons répertorié les musées de Paris et d'Ile-de-France pour chaque tranche d'âge avec nos appréciations (vous verrez ainsi tout de suite les musées sélectionnés pour l'âge de vos enfants).

Ensuite viennent les fiches descriptives des musées, classées par ordre alphabétique, suivies d'un supplément sur les grands musées de province.

Enfin les index :

— alphabétique,

— thématique,

— géographique.

Leur liste comprend aussi les musées non sélectionnés. Les renseignements les concernant sont à la fin du guide.

NOTRE SÉLECTION POUR LES 4-8 ANS

très intéressant	*passionnant*	*à ne pas manquer*
▲	▲▲	▲▲▲

PARIS

Arc-de-Triomphe (musée de l')	p. 22	▲
Art moderne de la Ville de Paris (musée d')	p. 23	▲▲
Arts africains et océaniens (musée des)	p. 28	▲
Arts décoratifs (musée des)	p. 29	▲▲
Arts et traditions populaires (musée national des)	p. 31	▲▲
Autobiographie Renault	p. 32	▲
Automates (musée-magie des)	p. 33	▲
Chasse et de la nature (musée de la)	p. 39	▲
Cité des sciences - La Villette	p. 41	▲▲▲
Enfants (musée des)	p. 52	▲▲
Guimet (musée)	p. 56	▲
Herbe (musée en) halle Saint-Pierre	p. 57	▲▲▲
Herbe (musée en) jardin d'Acclimatation	p. 61	▲▲▲
Kwok On	p. 66	▲
Marine (musée de la)	p. 72	▲▲▲
Mer et des eaux (centre de la)	p. 75	▲
Monuments français (musée national des)	p. 79	▲
Muséum national d'histoire naturelle	p. 82	▲▲▲
Musique mécanique (musée de la)	p. 85	▲
Orsay (musée d')	p. 86	▲▲▲
Petit Palais (musée du)	p. 90	▲▲
Pompidou (centre national Georges-)	p. 93	▲▲▲
Poste (musée de la)	p. 96	▲▲
Sculpture en plein air (musée de la)	p. 100	▲
Tour Eiffel (vidéo-musée de la)	p. 104	▲

ILE-DE-FRANCE

77

78

91

92

93

94

NOTRE SÉLECTION POUR LES 8-12 ANS

très intéressant	***passionnant***	***à ne pas manquer***
●	●●	●●●

PARIS

Arc-de-Triomphe (musée de l')	p. 22	●
Armée (musée de l')	p. 23	●
Art moderne de la Ville de Paris (musée d')	p. 26	●●
Arts africains et océaniens (musée des)	p. 28	●●
Arts décoratifs (musée des)	p. 29	●●●
Arts de la mode (musée des)	p. 29	●●
Arts et traditions populaires (musée national des)	p. 31	●●
Autobiographie Renault	p. 32	●
Automates (musée-magie des)	p. 33	●
Bourdelle (musée Antoine-)	p. 35	●
Camondo (musée Nissim-de-)	p. 36	●
Carnavalet (musée)	p. 37	●●
Chasse et de la nature (musée de la)	p. 39	●
Cité des sciences - La Villette	p. 41	●●●
Collections historiques de la police (musée des)	p. 48	●
Conservatoire de musique (musée instrumental du)	p. 49	●
Découverte (palais de la)	p. 50	●●
Enfants (musée des)	p. 52	●●
Ennery (musée d')	p. 53	●
Grand Palais (galeries nationales du)	p. 54	●●
Grévin (musée)	p. 55	●
Guimet (musée)	p. 56	●
Herbe (musée en) halle Saint-Pierre	p. 57	●●●
Herbe (musée en) jardin d'Acclimatation	p. 61	●●●
Homme (musée de l')	p. 63	●●
Kwok On	p. 66	●●

ILE-DE-FRANCE

77

78

NOTRE SÉLECTION POUR LES PLUS DE 12 ANS

très intéressant	***passionnant***	***à ne pas manquer***
■	■■	■■■

PARIS

Arc-de-Triomphe (musée de l')	p. 22	■
Armée (musée de l')	p. 23	■
Art moderne de la Ville de Paris (musée d')	p. 26	■■
Arts africains et océaniens (musée des)	p. 28	■
Arts décoratifs (musée des)	p. 29	■■■
Art de la mode (musée des)	p. 29	■■
Arts et traditions populaires (musée national des)	p. 31	■■
Autobiographie Renault	p. 32	■
Balzac (maison de)	p. 34	■
Bourdelle (musée Antoine-)	p. 35	■
Camondo (musée Nissim-de-)	p. 36	■
Carnavalet (musée)	p. 37	■■
Chasse et de la nature (musée de la)	p. 39	■
Cinéma Henri-Langlois (musée du)	p. 40	■
Cité des sciences - La Villette	p. 41	■■■
Conservatoire de musique (musée instrumental du)	p. 49	■
Découverte (palais de la)	p. 50	■■
Enfants (musée des)	p. 52	■■■
Ennery (musée d')	p. 53	■
Grand Palais (galeries nationales du)	p. 54	■■
Grévin (musée)	p. 55	■
Guimet (musée)	p. 56	■■
Hébert (musée)	p. 59	■
Henner (musée)	p. 60	■
Herbe (musée en) halle Saint-Pierre	p. 57	■■■

Voici, de plus, quelques endroits superbes où sont présentées des expositions temporaires de qualité :

Arts (pavillon des) - Jacquemart-André (musée) - Luxembourg (musée du) - Mode et du costume (musée de la) - Tokyo (palais de)

ILE-DE-FRANCE

77

78

91

92

93

94

95

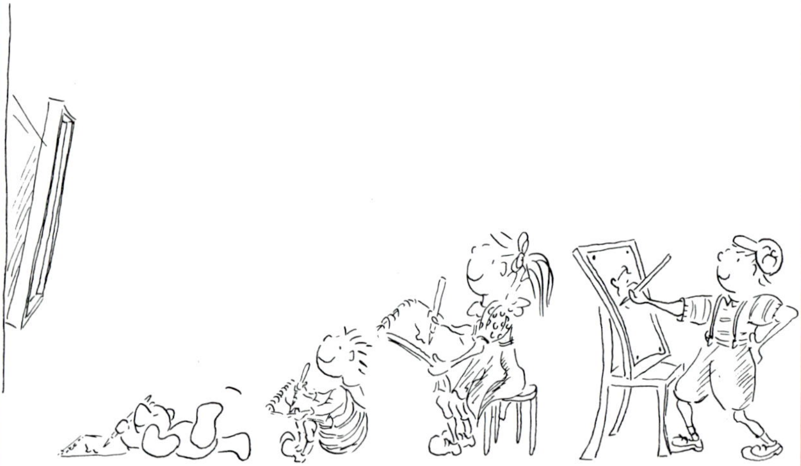

PARIS

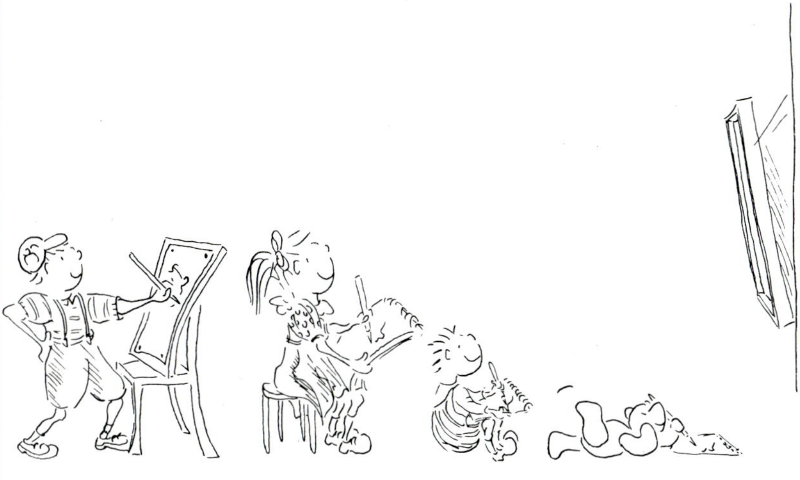

Musée de l'Arc-de-triomphe

Place de l'Étoile, 75008 Paris
Tél. 43 80 31 31

Qui n'a pas rêvé un jour de jouer les touristes à Paris? Du haut de l'Arc de triomphe, perdu parmi des dizaines d'étrangers, vous aurez la sensation d'un dépaysement total. N'oubliez surtout pas votre appareil photographique!

Tout d'abord deux recommandations :

Pour ne pas trouver porte close, il est indispensable de téléphoner pour vérifier les horaires. Ils changent au gré des saisons et des manifestations, d'une façon imprévisible...

Si vous ne connaissez pas bien ce quartier, vous allez vous trouver devant un problème apparemment insurmontable. Comment accéder à l'Arc de triomphe sans risquer de se faire écraser sur la place de l'Étoile? Une seule solution : prendre le souterrain qui se trouve soit en haut de l'avenue des Champs-Élysées, soit en haut de l'avenue de la Grande-Armée.

Après avoir surmonté ces embûches et contemplé Paris du haut de la plate-forme, vous allez descendre quelques marches et vous retrouver dans un petit musée sans grand intérêt. Heureusement, au fond de la salle est projeté un film très bien fait, qui vous permettra d'assister « en direct » aux grands événements dont l'Arc de triomphe a été le témoin depuis sa construction.

Historique de l'Arc de triomphe • Vue depuis la plate-forme.
HORAIRES • De 10 h à 17 h 30 du 1er avril au 30 septembre. De 10 h à 16 h 30 du 1er octobre au 31 mars • Les horaires changent, téléphoner avant.

ACCÈS • Métro : Étoile-Charles de Gaulle • Bus : 22, 52, 92, 30, 31, 73.

TARIFS • 9 F, 3 F pour les 7-17 ans. Gratuit pour les moins de 6 ans.

DOCUMENTATION • Dépliant gratuit.

ANIMATION • Film gratuit.

Musée de l'Armée

Hôtel national des Invalides, 75007 Paris
Tél. 45 51 92 84

Êtes-vous prêt à passer en revue toute l'histoire guerrière de notre pays ? Armes, uniformes, drapeaux... Cela sent la poudre et le crottin de cheval, vingt dieux ! Vous croirez même entendre ferrailler au loin d'invincibles soldats. Ah ! un conseil : si votre enfant vous demande où est l'espace réservé à la guerre des étoiles, ne vous énervez pas !

Gare à la saturation si vous voulez tout voir en un seul jour ! Heureusement, allez-vous nous dire, le billet est valable deux jours... Eh bien, non, c'est encore trop peu à notre avis pour découvrir le musée, le dôme de Napoléon, les plans et reliefs sans risquer une indigestion carabinée... et des ampoules !

Une seule solution pour bien profiter de cet espace : se limiter à une période très précise ! Et si vous n'avez pas de programme scolaire à respecter ou d'idées très arrêtées, voici quelques informations.

Les armes à cheval (salle Vauban : rez-de-chaussée gauche de l'aile Orient). Ils vont être émerveillés face à ces chevaux grandeur nature montés par des mannequins à fière allure.

Les salles de l'Empire (2e étage, aile Orient) ont toujours un franc succès. D'abord parce que Napoléon, ils connaissent tous ! Ensuite parce que les grands moments de sa vie sont reconstitués avec une mise en scène fantastique. N'oubliez pas de finir votre visite par le dôme où l'empereur est enterré.

Si vous êtes passionné par les deux guerres mondiales, ne vous éternisez pas au musée du même nom, mais foncez voir les salles 14-18 et 39-40 au 2e étage de l'aile Occident : une maquette gigantesque vous fera participer au débarquement des Alliés ; des panneaux explicatifs, des armes, des uniformes vous permettront de ne plus rien ignorer de ces périodes.

• L'exposition des plans et reliefs est magnifique ! Les premières fortifications de Vauban sont représentées ; un film vous permettra de comprendre pourquoi elles ont été construites et vous assisterez en direct, grâce au mini-spectacle son et lumière, à l'attaque d'une ville fortifiée ! Bon présage de ce que sera en 1988 l'ouverture définitive du musée des Plans et reliefs. D'autant plus qu'il y est prévu pour les enfants des initiations pédagogiques.

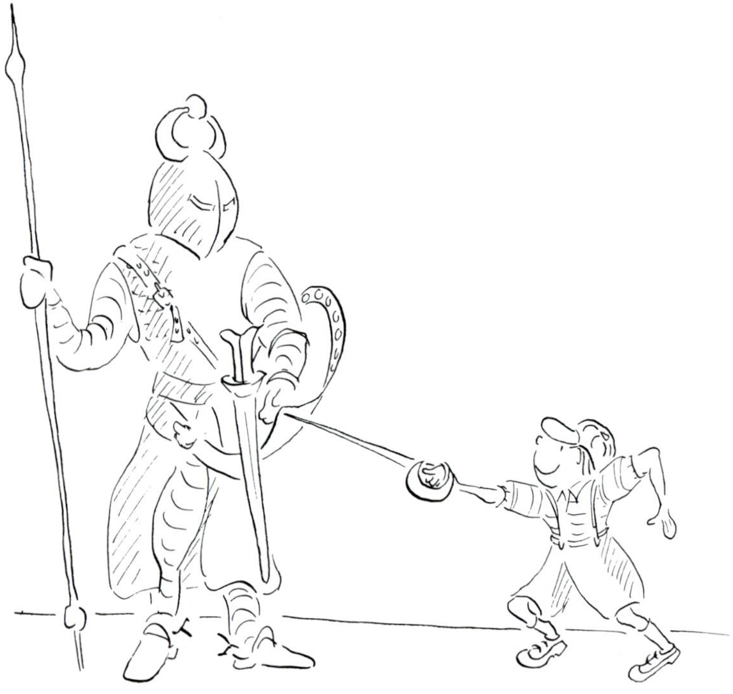

L'histoire militaire de l'Antiquité à nos jours • Le dôme de Napoléon où est enterré l'empereur • Les plans en relief du 4e étage, aile Occident, qui pour l'instant ne présente qu'une exposition temporaire sur les maquettes de certaines villes fortifiées.
Vous trouverez dans l'**aile Orient** • Au rez-de-chaussée, caisses, cinéma, salle Turenne (drapeaux), salle Vauban (armes à cheval 1800-1940) • Au 2e étage, de 1618 à 1852 : salle de l'ancienne monarchie, salle de la Révolution, salle de la 1re République, salle de l'Empire, salle de la Restauration, vestibule La Fayette, salle Bugeaud (IIe République, monarchie de Juillet) • Au 3e étage, de 1852 à 1870 : salle Pélissier (du IIe Empire à 1860), salle Chanzy (du IIe Empire à 1871) ; musée des deux guerres mondiales.
Vous découvrirez dans l'**aile Occident** • Au rez-de-chaussée, Préhistoire, Antiquité, Moyen Age : salle François Ier, salle Henri IV, salle Louis XIII, salle Louis XIV • Au 2e étage, guerres de 14-18 et de 39-40 • Au 3e étage, salle Gribeauval (artilleries de Rome à nos jours), salle Joffre (uniformes et emblèmes de la IIIe République à nos jours) • Au 4e étage, plans et reliefs.
Prochainement l'aile de l'Occident sera reliée à celle de l'Orient par le 4e étage qui sera consacré aux plans et reliefs.

HORAIRES • De 10 h à 17 h du 1er octobre au 31 mars. De 10 h à 18 h du 1er avril au 30 septembre • L'église du dôme est ouverte jusqu'à 19 h en juin, juillet et août • Le musée est fermé les 1er janvier, 1er mai, 1er novembre, 25 décembre.

ACCÈS • Métro : Invalides, La Tour-Maubourg, École militaire • Bus : 28, 49, 69, 82, 92.

TARIFS • 20 F, 1/2 tarif pour les 7-18 ans et les étudiants. Gratuit pour les moins de 7 ans • Le billet est valable deux jours. Il donne droit à la visite du dôme et des plans en relief, ainsi qu'au musée des deux guerres mondiales. Il offre de plus une réduction pour le son et lumière.

DOCUMENTATION • Pour avoir un petit feuillet gratuit, il faut s'adresser au vestiaire à côté du cinéma dans l'aile de l'Orient. Hé oui ! sinon vous trouverez tous les livres à la librairie !

ANIMATIONS • **Un cinéma** est situé au rez-de-chaussée côté Orient. Le programme changeant régulièrement, il vaut mieux téléphoner avant au 45 55 92 30, poste 33369 • **Son et lumière** tous les soirs du 31 mars au 30 septembre à 22 h 30 pour la version française : Napoléon raconte à son fils l'Aiglon l'histoire des Invalides. Le spectacle a lieu dans la cour d'honneur et l'on est assis ! 45 F. Renseignements : 39 79 00 15 • Pas de visites organisées. Il faut prendre contact avec le service des conférences de la CNMHS, 62 rue Saint-Antoine, 75004 Paris, 48 87 24 14 et 42 74 22 22 • Il existe un club des jeunes amis du musée de l'Armée. L'inscription est de 50 F par an et il se réunit tous les mercredis à 14 h 30. Réalisation de maquettes, de soldats de plomb, etc. Vu la minutie et la patience nécessitées par ce travail, nous conseillons cet atelier uniquement aux adolescents passionnés. Responsable : M. Baillargeat ou Mme Caulus.

Musée d'Art moderne de la ville de Paris

M.A.M.

11 avenue du Président-Wilson, 75016 Paris
Tél. 47 23 61 27

Jusqu'ici, seuls les groupes scolaires bénéficiaient des formidables animations faites au musée autour de la peinture moderne. Miracle ! L'artelier, dont le nom est tout un programme, ouvre ses portes à nos enfants. Ne manquez pas le lancement !

Choisissez donc le mercredi ! Téléphonez tout d'abord au musée, pour être sûr que l'artelier du jour concerne bien la tranche d'âge de votre enfant et, si la réponse est positive, précipitez-vous. Vous ne vous ennuierez pas pendant ce temps-là, car, outre ses expositions temporaires, le musée d'Art moderne propose un récital hebdomadaire de poésie, des concerts de jazz, s'intéresse à la création textile et possède un département photographie.

Si vous n'êtes pas libre le mercredi, une idée sympathique s'offre à vous le week-end : vous venez, en famille, et vous demandez les livrets prévus pour animer la visite du musée d'Art moderne. Il y en a un pour les enfants et un pour les parents, qui pourront ainsi répondre aux questions de leurs chers enfants. Sympathique, non ?

Du début du siècle à nos jours, les grands courants de l'art moderne : les fauves, les cubistes, S. et R. Delaunay, l'École de Paris... • Expositions temporaires (notamment celle de l'Arc, section expérimentale pluridisciplinaire) • Musée des enfants.

HORAIRES • De 10 h à 17 h 40, sauf lundi. Nocturne jusqu'à 20 h 30 le mercredi.

ACCÈS • Métro : Alma-Marceau, Iéna • Bus : 32, 42, 63, 72, 80, 82, 92.

TARIFS • 30 F pour toutes les expositions. 12 F pour les expositions permanentes. 15 F pour les expositions temporaires • 1/2 tarif pour les plus de 7 ans • Gratuit pour les moins de 7 ans.

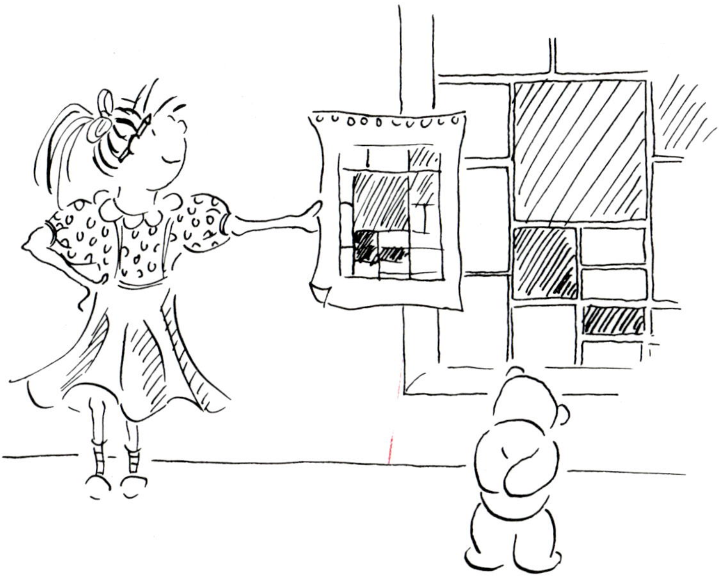

DOCUMENTATION • Pas de guide hélas ! • Librairie • Bibliothèque du mardi au samedi de 10 h à 13 h, le mercredi de 10 h à 12 h et de 14 h à 18 h.

ANIMATIONS • Pour visiter le musée pendant le week-end avec ses parents : des petits livrets (un pour les enfants, un pour les parents) pour les plus de 8 ans • **Le mercredi à 14 h 30, animations** pour les 8-11 ans, ou les 12-15 ans, sous formes de cycles de 2 ou 3 séances dans les collections permanentes ou les expositions. Téléphoner au service pédagogique du musée pour les détails • Pour les groupes scolaires, sur rendez-vous, dans le cadre de l'artelier, poste 359 • Pour adultes, visites-conférences par un conférencier de la Ville de Paris. Téléphoner au musée pour les horaires.

DÉTENTE • Récitals de poésie et concerts de jazz hebdomadaires • Cafétéria.

Musée des Arts africains et océaniens

293 avenue Daumesnil, 75012 Paris
Tél. 43 43 14 54

Vous voulez partir en Afrique... mais vous n'avez pas le premier sou en poche? Consolez-vous! Un ticket de métro et deux pièces de 10 F vous suffiront! Non, non, ce n'est pas un mirage, mais le prix d'entrée du musée.

▲ ●● ■

C'est râlant vraiment de voir de si belles choses si mal présentées! Non, mais c'est vrai, avec une collection aussi riche de statuettes, d'armes et d'objets, ce musée devrait être vivant et passionnant au lieu d'être si ennuyeux! Remarquez, à part le musée, tout est bien aux Arts africains : les nombreux ateliers qui permettent aux enfants de découvrir le musée tout en s'amusant, les expositions du 2e étage qui sont intéressantes et très bien faites, et puis l'aquarium qui est fantastique. N'oubliez pas de faire votre enquête auprès des poissons multicolores grâce au feuillet-découverte et de dire un petit bonjour aux crocodiles du Nil!

• Et pourquoi ne pas proposer un dimanche en Afrique? Après un peu d'ethnologie au musée, un grand safari-photo au zoo de Vincennes : il est à deux pas!

L'art africain, océanien et maghrébin • L'aquarium tropical au sous-sol • L'exposition temporaire au 2e étage.
HORAIRES • De 9 h 45 à 12 h et de 13 h 30 à 17 h 15, sauf mardi.
ACCÈS • Métro : Porte-Dorée • Bus : PC, 46.
TARIFS • 20 F. 10 F pour les étudiants. Gratuit pour les moins de 18 ans.
DOCUMENTATION • Dépliant gratuit • Bibliothèque : fermée le week-end.
ANIMATIONS • Jeu de piste à l'aquarium pour les 5-10 ans. Prendre le feuillet à l'entrée. • **Ateliers** gratuits le mercredi de 14 h à 16 h 30. Ils ont pour thème : 1 / L'Afrique : atelier se rapportant souvent à l'exposition du 2e étage. 2 / L'Océanie : rites et rhombes, découverte des traditions et fabrication d'un instrument de musique (ces ateliers fonctionnent en alternance sur des cycles de 2 séances). 3 / Le Maghreb : le « conte », découverte de la tradition orale par la narration d'un conte berbère (cycle d'une seule séance) • Attention, il vaut mieux réserver à l'avance. Renseignements et documentation : 43 43 14 54, poste 433 • Les ateliers pour les groupes ont lieu les lundi, jeudi et vendredi de 9 h 45 à 12 h et de 14 h à 16 h 30. Cycle de 3 ou 5 séances.
DÉTENTE • Le bois de Vincennes et le zoo.

Musée des Arts décoratifs
Musée des arts de la Mode

107 rue de Rivoli, 75001 Paris
Tél. 42 60 32 14

Avec des enfants, au musée des Arts déco, une priorité : la galerie des jouets, bien sûr ! C'est clair, attrayant, bien exposé. Pour leur montrer les autres départements du musée, pensez aux nombreuses animations qui leur sont proposées : parcours-découverte, ateliers...

▲▲ ●●● ■■■

Deux possibilités s'offrent à vous pour visiter le musée avec vos enfants.

1. Vous décidez de profiter des animations pour enfants : venez alors le mercredi à 14 h 30, et pendant que votre enfant sera indifféremment dans un des secteurs du musée pour connaître l'histoire de la chocolatière ou celle de l'arche de Noé, vous pourrez vaquer à votre guise.

2. Tout comme vous, votre enfant est un individualiste forcené : partez donc tous les deux à la découverte des jouets dans la galerie du même nom, les vitrines y sont basses, bien éclairées. Les poupées des années 50-60 y sont exposées, et vous frémirez en reconnaissant le poupon que vous avez bercé dans votre enfance. L'endroit est clair, gai, et de sympathiques expositions y sont organisées. Ou alors, profitez des expo-

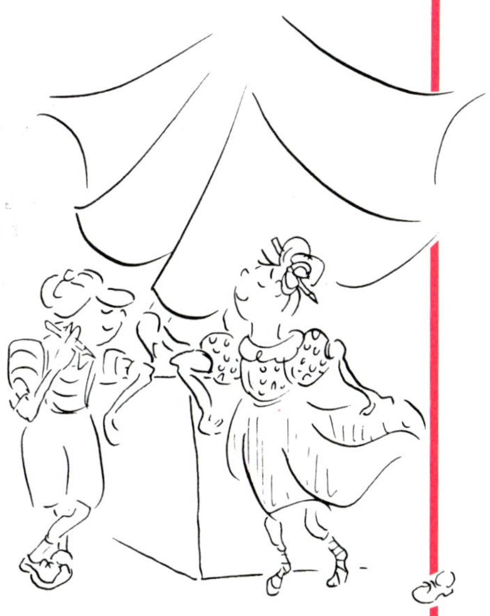

sitions temporaires, exemple : la statue de la Liberté. Vous pouvez alors acheter un parcours-découverte à la librairie : 6 F. Ils adoreront !

Pour finir cette superbe journée, une bonne promenade dans les Tuileries et un gâteau chez Angelina, 226 rue de Rivoli. Tous les plaisirs de la capitale !

Arts décoratifs : collection d'objets d'art, de mobilier, de porcelaine, de bijoux... du Moyen Age à nos jours • Un département jouets • La donation Jean Dubuffet • Expositions temporaires • Arts de la mode : 10 000 costumes et accessoires allant du XVIIe siècle à nos jours ; pour l'instant, uniquement des expositions temporaires.

HORAIRES • De 12 h 30 à 18 h, sauf lundi et mardi. De 11 h à 18 h le dimanche.

ACCÈS • Métro : Palais-Royal, Pyramides, Tuileries • Bus : 72, 68, 69, 21, 81, 95, 39, 27, 24.

TARIFS • Laissez-passer journée : 45 F • Collections permanentes : 20 F. Tarif réduit enfants, étudiants : 14 F • Département jouets : 10 F • Expositions temporaires : de 10 F à 20 F. Arts de la mode : 25 F. 18 F à partir de 4 ans • Il existe une carte Art déco jeunes qui, pour 100 F, vous donne accès gratuitement au musée des Arts déco, au musée des Arts de la mode, au musée Nissim-de-Camondo, au musée de la Publicité, ainsi qu'à toutes leurs expositions.

DOCUMENTATION • Pas de guide, mais des feuillets sur les activités du musée • **Un parcours-découverte** pour certaines expositions, mêlant les jeux aux explications. A la librairie : 6 F • Librairie spécialisée • Bibliothèque : de 10 h à 17 h 30, sauf dimanche et lundi matin • 2 boutiques : Arts déco et Arts de la mode.

ANIMATIONS • Renseignements Arts déco jeunes : 42 60 32 14, poste 975.
• Pour les individuels, **le mercredi à 14 h 30**. — Pour les 5-7 ans : un objet raconte son histoire, animation puis jeux et mini-atelier (30 F pour 1 h), par exemple : la chocolatière, l'arche de Noé... — Pour les 7-10 ans : cycle de 6 ateliers d'animation avec parcours-découverte + atelier (40 F pour 1 h 30), par exemple : dormir ou l'histoire du lit, aventures africaines... — Pour les 10-14 ans : atelier de stylisme aux arts de la mode, par exemple : la transformation d'un tee-shirt, durée 2 h, cycle de 4 à 7 mercredis (300 à 400 F le cycle). — Pour les adultes : visites guidées les samedi à 14 h 30, dimanche à 12 h et mardi à 10 h (40 F et 34 F pour les étudiants + entrée musée). Renseignements : 42 86 98 18, envoi du programme sur demande.
• Pour les scolaires, conférences ou remise de documents.
• Divers ateliers payants de peinture, dessin, image et son... ont lieu toute l'année pour les petits et les grands. S'informer pour horaires et tarifs auprès de Diane Lioté, secrétariat des ateliers, 42 60 32 14, poste 933.

DÉTENTE • Le jardin des Tuileries.

MUSÉE NATIONAL DES ARTS ET TRADITIONS POPULAIRES

6 avenue du Mahatma-Gandhi, 75116 Paris
Tél. 46 67 90 00

Noël, Pâques, Guignol : mots magiques pour nos enfants ! Ils retrouveront en effet ici, avec plaisir, nos traditions anciennes dans un musée situé, de plus, entre le bois de Boulogne et le jardin d'Acclimatation.

▲▲ ●● ■■

N'essayez pas de tout voir en une seule fois, vous seriez submergé ! Les collections sont en effet impressionnantes par leur nombre et leur richesse.

Vous êtes dans la pénombre, les vitrines étant seules éclairées. Les secteurs sont classés par thèmes, mais, même avec le guide, on peut se perdre un peu ! Alors, laissez vos enfants vous guider de vitrine en vitrine. En appuyant sur des boutons, ils déclencheront avec plaisir des diaporamas, des bandes-son, des théâtres de marionnettes.

Pour une première visite, choisissez plutôt une exposition temporaire, qui se limitera à un thème et vous proposera une animation.

• Emportez les vélos et le pique-nique pour vous oxygéner ensuite dans le bois de Boulogne.

La civilisation préindustrielle (agriculture, habitat, artisanat, croyances et coutumes, musique, danse...), soit près de 2 400 objets et documents présentés dans des vitrines (souvent animées), sur les murs, en projection • Expositions temporaires.
HORAIRES • De 9 h 45 à 17 h 15, sauf mardi.
ACCÈS • Métro : Sablons • Bus : 73.
TARIFS • 15 F. Gratuit pour les enfants.
DOCUMENTATION • Petit guide à 7 F sur les collections permanentes • Dépliant gratuit sur l'exposition temporaire • Galerie d'étude, accès libre : présentation d'objets classés, albums documentaires, visionneuses et vidéoscopes • Auditorium (diapos, films) • Bibliothèque (du lundi au vendredi) • Phonothèque (mercredi).
ANIMATIONS • Remise de document « **visites-découvertes** » pour les 5-10 ans les mercredi, samedi et dimanche • Conférence gratuite pour groupes d'enfants • **Animations gratuites** lors des expositions temporaires (téléphonez au musée, cela varie).
DÉTENTE • Le musée est situé entre le bois de Boulogne et le jardin d'Acclimatation.

AUTOBIOGRAPHIE RENAULT

53 Champs-Élysées, 75008 Paris
Tél. 47 23 54 54

Vous avez devant vous une journée pluvieuse et, bien sûr, des enfants bourrés d'énergie ! Alors, un bon conseil : s'ils aiment les voitures, emmenez-les sans plus tarder visiter l'autobiographie Renault.

Non seulement au 1er étage ils vont pouvoir contempler une magnifique collection d'anciennes automobiles (voiturettes, premiers bolides de courses...), mais de plus, au rez-de-chaussée, une merveilleuse surprise les attend : un déjeuner de rêve avec, comme menu, tout ce qu'ils aiment, et, comme cadre, des voitures actuelles (profitez-en pour leur faire comparer l'évolution des carrosseries !).

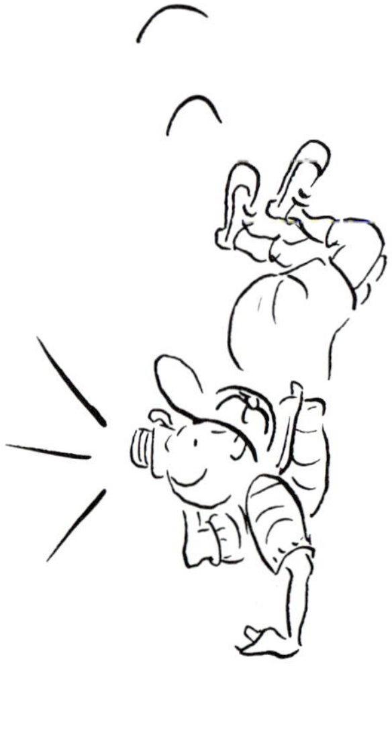

• Si en sortant il pleut toujours, n'oubliez pas les nombreux cinémas des Champs-Élysées.

Musée de la marque automobile Renault.
HORAIRES • De 11 h à 19 h tous les jours.
ACCÈS • Métro : Franklin-Roosevelt, George-V • Bus : 32, 42, 73, 83.
TARIF • Gratuit.

Musée-magie des Automates

8 rue Robert-de-Clairvaux, 75003 Paris
Tél. 42 71 28 28 et 42 71 09 14

Dans ce royaume des automates, les enfants sont les bienvenus. Attention ! N'espérez pas vous coucher tôt ce soir-là : il vous faudra en effet raconter en entier les contes, qui sont seulement évoqués dans le spectacle. Ah ! la dure vie de parents !

▲ ●

FERMÉ

Votre enfant va enfin connaître les sensations qu'éprouvait le petit Aladin descendant les marches le menant sous terre, ou Ali Baba pénétrant dans la caverne des 40 voleurs !

En effet, plongé dans l'obscurité, vous avancerez de pièce en pièce, déclenchant à chaque fois une scène de conte célèbre. Celle-ci est animée par des automates, tandis qu'un masque mobile vous en contera l'histoire avec la voix de Pierre Richard. C'est un peu cher, mais très bien fait. Reconnaissons toutefois qu'il s'agit plus d'un spectacle que d'une visite de musée.

Collection d'automates récents présentée sous forme de spectacle permanent de 50 mn. Succession de pièces : lorsque l'on entre, une animation d'automates se déclenche. Il s'agit d'évocations de contes célèbres, racontés par Pierre Richard.

HORAIRES • Tous les jours de 14 h à 18 h.

ACCÈS • Métro : Rambuteau, Châtelet • Bus : 38, 47, 75, 29 (sous l'horloge).

TARIFS • 29 F. 22 F pour les 3-15 ans. 26 F pour les étudiants et les familles nombreuses.

DOCUMENTATION • Un petit dépliant gratuit sur le musée.

Maison de Balzac

47 rue Raynouard, 75016 Paris
Tél. 42 24 56 38

Oubliez donc cinq minutes la foule de la rue de Passy et en route pour le XIXe siècle dans ce petit havre de paix comme on aimerait en trouver beaucoup à Paris.

C'est ici que vivait en effet le père d'*Eugénie Grandet*, l'infatigable Balzac dont la petite maison, restée telle quelle, a gardé tout le charme de la « cabane de Passy ». Si vous voulez travailler ou vous documenter sur son œuvre, allez aux écuries, transformées en une belle bibliothèque, toute en boiseries. Vous finirez la visite par le jardin où il faut aller s'asseoir un instant et même plus, si par bonheur vous avez sur vous l'un des volumes de *La Comédie humaine*.

Et les enfants dans tout cela ? Si ce musée n'a pas grand intérêt pour ceux qui en sont encore à la Bibliothèque rose, il donnera envie aux plus grands d'entrer dans le meilleur de l'univers balzacien : ses livres !

Demeure de l'écrivain (1799-1850), son cabinet de travail • Gravures et documents sur sa vie, son œuvre, son temps. Balzac y habita sept ans, de 1840 à 1847 • Audiovisuel sur sa vie • Expositions temporaires.

HORAIRES • De 10 h à 17 h 40, sauf lundi.

ACCÈS • Métro : Passy, La Muette. Bus : 22, 32, 52, 70, 72.

TARIFS • 9 F. 4,50 F pour les 6-15 ans. Gratuit pour les moins de 6 ans. • Plus cher pendant les expositions temporaires.

DOCUMENTATION • Audiovisuel de 20 mn sur la vie de Balzac • Bibliothèque : de 10 h à 17 h 40, sauf dimanche.

ANIMATIONS • Sur rendez-vous, 170 F pour les scolaires, 350 F pour les autres • En mars, avril et mai, un mardi par mois à 14 h 30 : 18 F, « documents, souvenirs » ; téléphoner au musée pour la date précise.

DÉTENTE • Petit jardin autour de la maison.

Musée Antoine-Bourdelle

16 rue Antoine-Bourdelle, 75015 Paris
Tél. 45 48 67 27

Montrez donc des sculptures à vos enfants ! Tout petits, ils apprécient déjà beaucoup les volumes et, au musée Bourdelle, il y en a de très grands !
Prévoyez une bonne pelote de ficelle, car, dans ce dédale de pièces, couloirs, allées, jardins remplis de sculptures, vous risquez de les perdre !

Amusez-vous à retrouver la même statue, celle du général Alvear par exemple, dans différents matériaux et dans toutes les dimensions. Vous pouvez voir l'atelier de Bourdelle qui a gardé son atmosphère d'autrefois, l'échoppe du père de l'artiste, le grand hall inauguré en 1961, qui contient les plâtres originaux des œuvres monumentales de Bourdelle.

Pour rendre votre visite plus instructive, voici une bonne initiative : des petits livrets disponibles le week-end vous permettront de répondre (grâce au livret parents) aux questions de vos enfants (suscitées par le livret enfants).

• Bourdelle se prénommait en réalité Émile, mais sa femme s'appelant Cléopâtre… on le surnomma Antoine !

Les œuvres du sculpteur Bourdelle (1861-1929) dans la maison, les ateliers et le jardin où il vécut toute sa vie • Exposition temporaire, annuelle, à thème, de juin à septembre • Tous les 2 ans, exposition des œuvres du lauréat du prix Bourdelle.

HORAIRES • De 10 h à 17 h 40, sauf lundi.

ACCÈS • Métro : Falguière, Montparnasse-Bienvenüe • Bus : 28, 48, 58, 82, 91, 92, 95, 96.

TARIFS • 12 F. 1/2 tarif pour les plus de 7 ans. Gratuit pour les moins de 7 ans.

DOCUMENTATION • Catalogue : 45 F • Le week-end, 2 **livrets pour la visite** (1 pour les parents, 1 pour les enfants) • Bibliothèque ouverte aux chercheurs.

ANIMATIONS • Conférence un mardi sur trois à 14 h 30 (18 F) sur l'atelier et les œuvres. Se renseigner au musée.

MUSÉE NISSIM-DE-CAMONDO

63 rue de Monceau, 75008 Paris
~~Tél. 45 63 26 32~~

01 53 89 06 50

Aujourd'hui, nous vous invitons à vous rendre dans un hôtel particulier du XVIIIe siècle, pour admirer une fabuleuse collection d'art de cette époque en situation : vestibule, salle à manger, chambre à coucher, avec argenterie, tapis, bibelots, tableaux : une merveille ! De quoi rendre fou Arsène Lupin !

Moïse de Camondo était insatisfait ! Son hôtel particulier de style Napoléon III ne lui paraissait pas — à juste titre — être le cadre idéal pour sa fabuleuse collection d'art du XVIIIe siècle. Aussi le fit-il détruire en 1911 pour installer à sa place — le long du parc Monceau — une demeure rappelant le Petit Trianon de Versailles. Il suffisait d'y penser ! Reconnaissons que l'endroit est magnifique. Il est rare de trouver ainsi recréée l'atmosphère d'un hôtel particulier du XVIIIe siècle. *A priori*, cela ne touche pas vraiment les jeunes enfants, à moins de les intéresser avec un parcours-découverte (voir plus bas), mais de toute façon l'entrée leur est gratuite et le parc Monceau juste à côté. C'est donc une belle visite à faire si vous passez dans le quartier.

Un intérieur du XVIIIe siècle (meubles, tableaux, tapis...).

HORAIRES • De 10 h à 12 h et de 14 h à 17 h, sauf lundi, mardi et jours fériés.

ACCÈS • Métro : Monceau • Bus : 30, 94.

TARIFS • 12 F. 1/2 tarif pour les étudiants. Gratuit pour les moins de 10 ans.

DOCUMENTATION • Dépliant gratuit • Brochure : 18 F • Catalogue : 50 F.

ANIMATIONS • Visites-conférences organisées par le Service culturel de l'Union des arts décoratifs, 42 60 32 14, poste 926 ou 975. • A partir de sept ans, un **parcours-découverte** Arts déco jeunes pour évoquer de façon vivante la vie quotidienne au XVIIIe siècle. Groupe scolaire, 1 h : 275 F, avec animatrice ; individuel, 1 h : 30 F. Téléphonez aux Arts déco pour la date, poste 975.

DÉTENTE • L'hôtel particulier donne sur le parc Monceau.

Musée Carnavalet

23 rue de Sévigné, 75003 Paris
Tél. ~~42 72 21 13~~

« Cité éternelle, Paris ! Plus éternelle que Rome, plus somptueuse que Ninive ! Nombril de l'univers, on se traîne vers toi sur les mains et sur les genoux, comme un idiot aveugle et balbutiant. » C'est Henry Miller qui le dit ! Et c'est vrai que Paris nous fascine tous, les étrangers comme les Parisiens ! Venez donc au musée Carnavalet voir les magnifiques tableaux illustrant un lieu ou une histoire de notre capitale.

Pour ne pas vous perdre, ou tout du moins pour bien vous retrouver dans ce magnifique et immense hôtel particulier, prenez un plan à l'entrée ou, encore mieux, achetez le guide. A moins d'être vous-même très calé sur une période de l'histoire de Paris, n'hésitez pas à faire profiter vos enfants — à partir de 7 ans — des visites du mercredi à 14 h 30. On

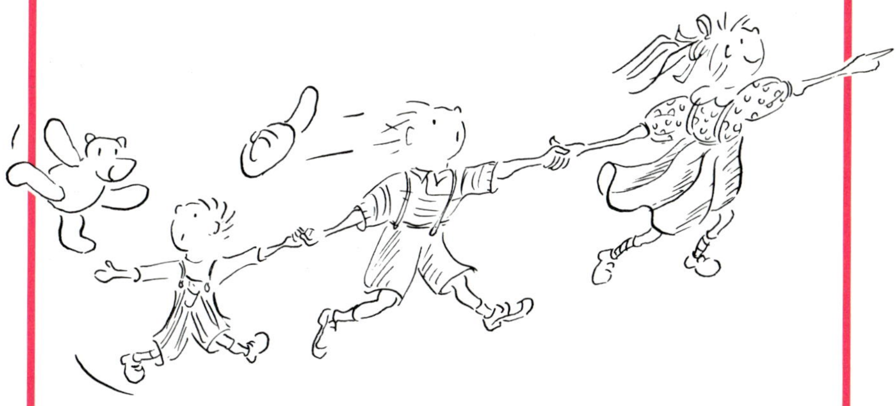

évoquera pour eux la Révolution, les métiers de Paris... Les adolescents et leurs parents, libres le mardi après-midi, peuvent assister à d'intéressantes conférences : Paris vu par les peintres, la Seine à Paris...

Enfin, si vous faites la visite sans guide, voici les salles qui nous ont paru les plus attrayantes :

Au rez-de-chaussée, Paris au XVIe siècle (salles 8-12) et la Révolution française (salles 69-75).

Au 1er étage : Paris sous les règnes de Louis XIII et Louis XIV (salles 14-22), Paris sous le règne de Louis XV (salles 29-31).

Sachez aussi que les expositions temporaires ont pour but l'illustration de l'histoire de Paris.

Si vos enfants qui savent bien lire sont intéressés par une période précise, procurez-leur un livre sur la vie quotidienne à cette époque, c'est passionnant.

• Pour voir un intérieur du XVIIIe siècle « en situation », pensez au musée Nissim-de-Camondo (voir p. 36).

L'histoire de Paris illustrée par une importante collection d'objets d'art, de peintures, de dessins, de maquettes, de meubles... (pour l'instant du XVIe siècle au Ier empire, bientôt plus avec l'extension du musée). Des expositions temporaires.

HORAIRES • De 10 h à 17 h 40, sauf lundi et certains jours fériés • Cabinet des estampes : de 14 h à 17 h 15 et le samedi de 10 h à 12 h 15.

ACCÈS • Métro : Saint-Paul, Chemin-Vert • Bus : 29, 69, 76, 96.

TARIFS • 12 F. Gratuit pour les moins de 7 ans. Tarif réduit pour les plus de 7 ans et les étudiants.

DOCUMENTATION • Dépliant gratuit sur les activités du musée Carnavalet • Guide de 32 pages : 21 F.

ANIMATIONS • **Jeux de piste** pendant le week-end et les vacances scolaires pour les jeunes • **Visites spécial jeunes** le mercredi après-midi à 14 h 30 ; 1 h 30 environ, 20 F. Se renseigner au service d'action culturelle du musée (arriver 15 mn avant) • Adultes : conférences le mardi à 14 h 30 : 18 F • Visite du quartier pendant le festival du Marais • Groupes : plus de 10, moins de 30, sur rendez-vous : 170 F.

DÉTENTE • Place des Vosges.

MUSÉE DE LA CHASSE ET DE LA NATURE

Hôtel de Guénégaud
60 rue des Archives, 75003 Paris
Tél. 42 72 86 43

Les enfants sont toujours d'ardents défenseurs des animaux. Les chasseurs aussi, parfois ! C'est ce que vous pourrez leur apprendre, entre autres choses, en venant dans ce sympathique musée.

▲ ● ■

Dans ce musée, vous trouverez surtout des armes et des animaux naturalisés. Pour les plus jeunes, le principal intérêt réside dans le spectacle de ces animaux (1er étage) : un impressionnant ours blanc, un gorille, un lion que l'on peut observer à loisir. Comme ces salles évoquent l'Afrique, l'Asie, l'Amérique, des objets d'art indigène y sont mêlés. C'est très intéressant.

En revanche, comme il n'y a pas d'espace vert à proximité, si vous habitez loin, vous pouvez toujours attendre l'ouverture de la galerie de zoologie du muséum du jardin des Plantes en 1989.

Pour les plus âgés, avant d'aller voir les animaux du 1er étage, il faut absolument s'arrêter à l'entresol. C'est dans ces deux salles que vous pourrez suivre l'évolution des armes de chasse (du XVIe au XIXe siècle). On oublie leur fonction pour ne plus voir que la beauté des incrustations, l'élégance des formes et les inventions techniques.

La chasse avec l'évolution des armes et leurs accessoires, mais aussi des peintures, sculptures, tapisseries et meubles • La nature avec des animaux naturalisés, peints, sculptés • Expositions temporaires.

HORAIRES • De 10 h à 17 h 30, sauf mardi et jours fériés.

ACCÈS • Métro : Hôtel-de-Ville, Rambuteau • Bus : 75, 29, 69, 76, 96.

TARIFS • 10 F. 1/2 tarif pour les moins de 10 ans.

DOCUMENTATION • Guide : 15 F.

ANIMATIONS • S'adresser à la CNMHS, 48 87 24 14, qui combine parfois la visite du musée avec celle du quartier du Marais.

Musée du Cinéma Henri-Langlois

Palais de Chaillot
Place du Trocadéro et du 11-Novembre, 75116 Paris
Tél. 45 53 74 39 et 45 53 21 86 (cinémathèque)

Faites ce test indispensable pour la visite du musée :
1. Trouver le nom d'un réalisateur italien qui ne finit pas par « i ».
2. « T'as d'beaux yeux, tu sais ! », on répond :
3. Où habite l'assassin ?
4. Quel est le prénom de J.-P. Belmondo dans A bout de souffle *?*

Vous avez les bonnes réponses, bravo ! Vous avez le niveau requis pour visiter le musée surtout intéressant pour ceux qui connaissent bien le cinéma. La très (trop ?) longue visite (cela varie suivant votre conférencier et les 2 h de votre parcmètre n'y suffiront peut-être pas !) vous permettra de réaliser, non sans satisfaction, l'étendue de votre culture cinématographique. Vous apprendrez néanmoins des choses intéressantes sur les débuts du cinéma. Et le croirez-vous, vous ne verrez pas un seul petit morceau de film !

• Vous n'avez trouvé aucune réponse au test, alors rendez vous régulièrement à la cinémathèque qui se trouve à côté du musée et revenez l'année prochaine !

Documents sur le cinéma de 1895 à nos jours : appareils, affiches, costumes, photos, maquettes de décor...

HORAIRES • A 10 h, 11 h, 14 h, 15 h et 16 h, sauf mardi (visites guidées).

ACCÈS • Métro : Trocadéro • Bus : 22, 30, 32, 63, 72, 82.

TARIF • 16 F.

ANIMATIONS • La visite se fait avec un guide, durée 1 h 30 - 2 h.

DÉTENTE • Jardins du Trocadéro.

CITÉ DES SCIENCES
LA VILLETTE

Parc de la Villette, 75019 Paris
Tél. 40 05 72 72 répondeur téléphonique, 40 05 70 00 information
40 05 72 23 accueil, minitel 3615 code SEV

Attention, cette page vous réserve une formidable aventure ! Êtes-vous prêts à franchir la limite de notre galaxie ? A plonger à 20 000 lieues sous les mers ou à rencontrer l'homme de Neanderthal ? Voulez-vous vivre les frissons de la création du monde ou pénétrer dans le monde des robots ? Oui ? Alors la Cité des sciences vous attend pour un magnifique voyage. Vous hésitez encore ? Rassurez-vous, nous sommes à vos côtés (enfin entre vos mains) pour vous éviter toutes les embûches.

▲▲▲ ●●● ■■■

A tout explorateur qui pénètre dans cette cité, voici quelques recommandations indispensables.

Si en franchissant le seuil vous ressentez le « mal de la Cité » (léger malaise qui vous donne l'impression d'être perdu et de ne pas vraiment dominer la situation), pas de panique ! Ne vous précipitez surtout pas n'importe où, mais prenez calmement les plans et décodez-en les informations. Et n'oubliez surtout pas de prendre tous les « pass » à la billetterie...

En pénétrant dans le monde d'Explora, ne vous laissez pas démoraliser si vous vous retrouvez face à une fusée alors que vous pensiez être à 20 000 lieues sous les mers ! Rappelez-vous que l'aventure n'est pas de tout repos et regardez bien vos Robinson Crusoé en herbe. Hé oui ! ils adorent ! Alors, laissez-les papillonner au gré de leurs envies, quitte à revenir un autre jour pour approfondir ce qu'ils ont le plus aimé (et assister aux conférences s'ils ont plus de 8 ans).

Voici trois endroits magiques dont nous vous révélons quelques secrets :

le département des sons, lumière et communication : là vos enfants pourront se filmer, déclencher des orchestres en dansant, s'écouter parler d'une pièce à l'autre ;

le Tramvie, un train qui vous fait voyager à travers les grandes étapes de l'évolution des hommes (il fonctionne très rarement, hélas !) ;

le planétarium : vous allez vous

trouver soudain transportés à 5 milliards de kilomètres dans l'espace. Heureusement, un « commandant de bord » est là pour vous guider dans cette fabuleuse aventure.

Ça y est, vous quittez Explora ? Mais ne vous imaginez pas que votre exploration est terminée, loin de là ! Alors un conseil, prenez un remontant avant d'entrer à l'inventorium, où 1 h 30 de découvertes attendent vos enfants (pas moyen d'y couper, c'est le paradis pour eux !).

Les 3-6 ans suivront le cours d'une petite rivière, ce qui leur permettra, tout en jouant, de découvrir des phénomènes naturels. Et n'oubliez pas de leur mettre un casque avant d'entrer dans un « chantier » reconstitué, son port est obligatoire !

Les 6-12 ans participeront à l'enregistrement des informations télévisées : régie, cameraman ou présentateur, ce sera à eux de choisir la fonction qu'ils préfèrent ! Prévoyez de vous mettre à quatre pattes pour admirer les sous-sols d'une fourmilière... si vous arrivez à les arracher des ordinateurs ! Renseignez-vous bien en arrivant sur toutes les animations organisées et essayez de venir à la première séance les week-ends, histoire de ne pas trop faire la queue devant chaque activité.

Non ! non ! non ! ce n'est pas fini, allez, un peu de courage, mille aventures vous attendent encore ! Bon, si vous êtes à ramasser à la petite cuillère, les jambes en compote, l'esprit embrouillé, que votre seul rêve est un bon bain chaud et un lit confortable, rentrez chez vous sans trop de regrets car, vous pouvez en être sûr, VOUS REVIENDREZ (les enfants vous réclameront la Villette à cor et à cri).

Vous verrez alors les magnifiques expositions de la maison de l'Industrie, vous passerez des journées entières à la médiathèque, des heures à la salle d'actualité et des moments inoubliables à la géode. Dans cette magnifique salle de cinéma toute ronde, vous allez peut-être vous retrouver à l'intérieur d'un volcan, cernés de tous côtés par la lave brûlante et le grondement assourdissant des tremblements de terre. Brr ! que de sensations ! C'est peut-être pour cela que les enfants de moins de 3 ans ne sont pas acceptés ! Pensez à réserver pour les séances de 19 h, 20 h, 21 h, vous serez sûr ainsi d'avoir de la place !

ET MAINTENANT, BON VOYAGE À TOUS !

• Une journée entière de 9 h à 17 h à la Villette est organisée pour les enfants. Embarquement à la Concorde, traversée du canal de l'Ourcq en vedette, déjeuner, visite de la cité des Sciences + film à la géode : entre 200 et 300 F.

Une rencontre des techniques d'aujourd'hui et de l'aventure humaine. Vous trouverez • Au niveau S2 (2e sous-sol), géode, arrivée du parking, accès extérieur • Au niveau S1 (1er sous-sol), médiathèque (bibliothèque avec espace pour enfants), maison des régions, bar • Au niveau 0 (rez-de-chaussée), information, billetterie, location casque, boutique jeux-jouets, librairie, inventorium (espace enfant), espace Diderot (exposition), salle d'actualité, ciné-club, maison de l'Industrie (exposition) • Au niveau 1 (1er étage), Explora (musée : l'aventure humaine), espace Claude-Bernard (exposition temporaire), espace Marie-Curie (exposition temporaire) • Au niveau 2 (2e étage), Explora, Planétarium • Au niveau 3 (3e étage), Explora.

HORAIRES • De 10 h à 18 h les mardi, jeudi, vendredi. De 12 h à 21 h le mercredi. De 12 h à 20 h les samedi, dimanche et jours fériés. Fermé lundi.

ACCÈS • Métro : Porte-de-la-Villette • Bus : PC, 75, 150, 152, 250A • Bateau : possibilité d'arriver à la Villette par les canaux, 46 24 86 16 (canauxrama) • Parking : accès par l'avenue Corentin-Cariou pour la Cité des sciences, arrivée niveau S2 (2e sous-sol).

TARIFS • Le **cité Pass** : 30 F, c'est une formule de carte avec coupons qui vous donnera accès à Explora, à l'espace Diderot et au planétarium avec un supplément de 15 F (1/2 tarif : 12 F). Si vous n'avez pas eu le temps d'utiliser tous vos coupons, vous avez un mois pour revenir... • **L'abonnement mensuel** : 80 F. Tarif réduit : 60 F • **L'abonnement annuel** : 200 F. Tarif réduit : 150 F (géode et inventorium non compris).

DOCUMENTATION • Pour recevoir par la poste les programmes, il faut écrire **chaque** mois à la Direction de la communication et du développement de la Cité des sciences et de l'industrie, 75930 Paris Cedex 19 ou téléphoner au 40 05 73 77 à Martine Jonquière ou Marie-Claude Dessmer. Mais si vous avez un minitel, il vous suffit de faire le 3615, code d'accès SEV ! • Sur place, des écrans vidéo vous expliqueront les différents secteurs à visiter et la liste des conférences est affichée sur les panneaux au niveau 0.

DÉTENTE • **Cafétéria-bar**. Plusieurs endroits sont prévus pour vous rafraîchir... des bars, bien sûr (Explora, niveaux 2 et S2), mais aussi des distributeurs de boissons • **Ciné-club** • **Quantités de services** (location de poussettes, vestiaire, consigne, poste, banque... location de fauteuils roulants pour les handicapés) • **Espaces verts** dans le parc de la Villette (terrains de foot, jardins à thèmes, sans oublier les folies de Tchumi, qui sont d'adorables petites maisons rouges en tôle dans lesquelles vous pénétrerez) • **Espaces-jeux** à la grande Halle (en entrant à l'intérieur de MEGAM, véritable planète de jeux vidéos, votre enfant pourra manipuler, pendant 1 h, toutes les machines à jeux : 25 F.)

EXPLORA

C'est le musée de la Cité des sciences. Il vous racontera sur 30 000 m² et 3 niveaux toute notre aventure humaine. Quatre grands thèmes : • De la Terre à l'Univers (niveaux 1, 2, 3) : un voyage dans l'espace, l'océan et au centre de la Terre • L'aventure de la vie (niveaux 1, 2, 3) : l'être humain et son environnement • Langages et communications (niveaux 1, 2) : des expériences sur les sons, les images, les comportements humains • La matière et le travail de l'homme (niveaux 1, 2, 3) : une grande enquête sur l'évolution de la technologie.

HORAIRES • Voir horaires généraux.

ACCÈS • Au niveau 0 (rez-de-chaussée), prendre les escaliers.

TARIFS • Le cité Pass, voir tarifs généraux.

DOCUMENTATION • Beaucoup de dépliants gratuits au rez-de-chaussée, exemple : **Au fil de la cité**, avec plan du musée et de nombreuses idées pour visiter Explora ; **La Cité des sciences et de l'industrie**, avec plan du musée et informations pratiques ; **Le Programme de la Cité**, tout ce qui se passe à la Villette pendant un mois : expositions, liste des conférences et leurs horaires • Le guide d'Explora : 20 F.

ANIMATIONS • Les conférences sont gratuites et s'adressent aux plus de 8 ans. Il y en a plusieurs par jour. Consulter les tableaux à l'entrée ou le programme du mois (les points de rencontre sont notés). Exemple de thème évoqué dans la journée : étude d'un milieu, l'étang ; la dureté du rocher : qui raye qui ?... • Visite guidée générale pour tous sur l'architecture des lieux, tous les jours à 17 h. Gratuite. Rendez-vous à Explora, 1er étage au point d'information • Pour les groupes, visite libre ou avec un attaché scientifique : 15 F (même prix pour les scolaires). 23 F le week-end. Réservation 7 semaines à l'avance à Cité des sciences et de l'industrie, service réservation groupes, 75930 Paris Cedex 19 • Location d'un casque dans le hall d'accueil : 15 F.

PLANÉTARIUM

Il vous propose un voyage fabuleux aux confins de l'Univers sous un immense dôme écran ; exemple de film : *Les Enfants du soleil*, voyage dans le passé il y a 5 milliards d'années, dans l'espace à 5 milliards de kilomètres, dans le futur dans 5 milliards d'années. Vous assisterez « en direct » à l'agonie du Soleil.

HORAIRES • Durée du film : 45 mn. Le mardi : 11 h 45, 14 h 30, 15 h 45, 17 h. Le mercredi : 14 h 30, 15 h 45, 17 h. Les jeudi et vendredi : 10 h 30, 11 h 45, 14 h 30, 15 h 45, 17 h. Les samedi et dimanche : 13 h 15, 14 h 30, 15 h 45, 17 h.

ACCÈS • Niveau 2 d'Explora.

TARIFS • 15 F. Tarif réduit : 12 F. Le billet est pris en supplément d'Explora.

DOCUMENTATION • Au rez-de-chaussée.

ANIMATIONS • Un animateur est toujours dans le planétarium pour commenter le film et répondre à vos questions.

LA GÉODE

• L'attraction n° 1 de la Villette ! A ne pas manquer. C'est une salle de cinéma toute ronde avec écran hémisphérique de 1 000 m² et système de projection Omnimax. (Vous allez être cerné de toutes parts par l'image !) Exemple de film : *Il était une fois la Terre*, les origines de l'Univers et la création du globe terrestre avec son cortège de tremblements de terre, de naissances de volcans, la formation des montagnes.
• La Géode est interdite aux enfants de moins de 3 ans.

HORAIRES • De 10 h à 18 h les mardi et jeudi. De 10 h à 21 h les mercredi, vendredi, samedi et dimanche. Il y a une séance toutes les heures. Pour les séances de 19 h, 20 h, 21 h (mercredi, samedi et dimanche), vous pouvez **réserver par minitel** 3615 code SEV, mot géode. Fermé le lundi.

ACCÈS • Entrée par S2 (2e sous-sol).

TARIFS • 40 F. Tarif réduit : 25 F (ils ne sont valables ni le week-end ni les jours fériés). Les billets sont vendus sur place à l'avance à partir de 10 h pour la journée en cours et les 8 jours à venir.

DOCUMENTATION • Dépliant : 5 F • Librairie • Magasins de souvenirs • Renseignements : 40 05 06 07. Minitel : 3615 code JEU.

L'INVENTORIUM

Deux espaces jeux-découvertes pour les 3-6 ans et 6-12 ans.

HORAIRES • A 10 h, 14 h, 15 h 30 les mardi, jeudi et vendredi. A 12 h 30, 14 h, 15 h 30, 17 h les mercredi, samedi et dimanche • Durée du parcours 1 h 30.

ACCÈS • Niveau 0 (rez-de-chaussée).

TARIFS • 15 F. Gratuit pour l'accompagnateur • Les billets se prennent à la caisse centrale (indépendamment du cité Pass ou des abonnements).

ANIMATIONS • Tous les jours des animations sont prévues, consultez les tableaux à l'entrée de l'inventorium • Les ateliers changent souvent de thème. Renseignez-vous au contrôle des billets de l'entrée de l'inventorium • Expositions à l'intérieur de chaque espace ; exemple, pour les 3-6 ans : Bidons jouets (jouets réalisés par des enfants africains à partir de matériaux de récupération). Bidons cosmos pour les 6-12 ans.

• Devant l'inventorium, des ateliers de création sont souvent organisés pour les enfants ; exemples : l'atelier construx (les enfants fabriquaient des objets à l'aide des jeux de construction Fisher Price), l'aventure Lego.

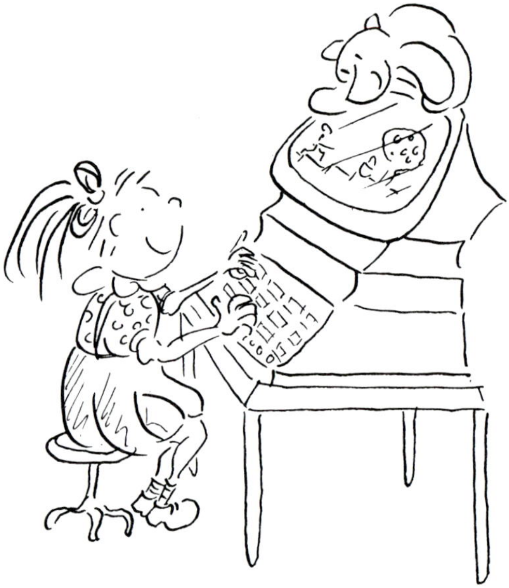

ESPACE DIDEROT

Espace réservé aux expositions temporaires ; exemple : la mode, une industrie de pointe.

HORAIRES • Voir horaires généraux.

ACCÈS • Niveau 0.

TARIFS • Le cité Pass, voir tarifs généraux.

ANIMATIONS • Conférences souvent organisées sur le thème exposé. Gratuites. Exemple : Comment devenir couturier. Consulter les panneaux d'affichage pour les horaires et points de rencontre, ou le dépliant « programme du mois ».

ESPACE MARIE-CURIE

ESPACE CLAUDE-BERNARD

Espace réservé aux expositions temporaires ; exemple, espace Claude-Bernard : la télé à cinquante ans ; espace Marie-Curie : les années plastiques.

HORAIRES • Voir horaires généraux.

ACCÈS • Niveau I Explora.

TARIFS • Inclus dans le billet Explora.

ESPACE ENTREPRISE

Exposition temporaire ; exemple : la planète alimentaire.

HORAIRES • Voir horaires généraux.

ACCÈS • Niveau S2 (2e sous-sol).

TARIF • Gratuit.

ANIMATIONS • Des animations et des ateliers sont organisés autour de l'exposition.

LA MÉDIATHÈQUE

Cette « bibliothèque » est l'un des plus grands centres de documentation scientifique. Un espace enfant est prévu pour les plus de 3 ans • La librairie, située au rez-de-chaussée, a un département *très très* complet de livres pour enfants.

HORAIRES • De 14 h à 20 h du mardi au dimanche • L'espace enfant est ouvert le mercredi et le samedi uniquement de 14 h à 18 h 30 (mais bientôt il sera ouvert aussi le dimanche).

ACCÈS • Niveau S1 (1er sous-sol).

TARIF • Gratuit.

ANIMATIONS • Elles sont souvent organisées pour les enfants (expositions-ateliers, films, histoires...). Renseignements : 40 05 70 00 ou programme du mois.

DOCUMENTATION • Les livres d'enfants que vous y trouverez : des livres d'images pour les petits, des livres traitant de nature, transport, informatique, origine de l'homme et même de mathématique, physique ou chimie...

• Il vaut mieux arriver tôt si vous voulez trouver une place assise, mais rassurez-vous le nombre de places sur la moquette est illimité !

LA MAISON DES RÉGIONS

(niveau S1, 1er sous-sol, entrée gratuite)

LA MAISON DE L'INDUSTRIE

(niveau 0, rez-de-chaussée, entrée gratuite)

ET LA SALLE DES SCIENCES ET DE L'ACTUALITÉ

(niveau 0, entrée gratuite) organisent aussi des expositions avec conférences, ateliers et débats.

Musée des Collections historiques de la police

1 bis rue des Carmes, 75005 Paris
Tél. 43 29 21 57, poste 336

Pour percer le mystère de ce musée, il vous faudra d'abord pénétrer dans un commissariat de police ! Élémentaire, mon cher Watson !

Vous allez découvrir un tout petit musée qui intéressera surtout les passionnés. Il est assez vieillot et mal présenté, donc ne traversez pas tout Paris pour le visiter, vous seriez déçus ! Mais si vous passez dans le quartier, pourquoi ne pas y faire un tour… car ce n'est pas cela qui va décourager votre Sherlock Holmes en culottes courtes, n'est-ce pas ? Surtout qu'avec un peu de perspicacité parmi des mannequins de policiers en costume d'époque, il trouvera le département des affaires criminelles, des menottes, des chaînes, une valise du parfait détective, mais aussi quelques armes du crime. Cœurs sensibles s'abstenir !

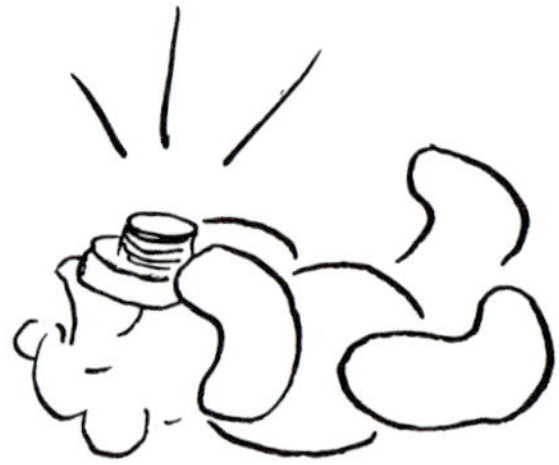

Histoire de la police du XVIe siècle à nos jours.

HORAIRES • De 9 h à 17 h du lundi au jeudi. De 9 h à 16 h le vendredi.

ACCÈS • Métro : Maubert-Mutualité • Bus : 47, 63, 86, 87.

TARIF • Gratuit.

DOCUMENTATION • Dépliant à l'entrée.

Musée instrumental du Conservatoire de musique

14 rue de Madrid, 75008 Paris
Tél. 42 93 27 82
A partir de 1989-1990, à la cité musicale de la Villette dans le XIXe

La prochaine installation du musée dans la cité musicale de la Villette — avec le conservatoire et les salles de concert — va sûrement lui apporter un souffle nouveau. Nous attendons avec impatience !

Pour l'instant, rue de Madrid, vous verrez des instruments magnifiques (avec fiche explicative dans la vitrine). Cette collection est l'une des plus riches du monde, mais il vaut mieux à notre avis que l'enfant soit déjà sensibilisé à la musique ou qu'il pratique un instrument.

C'est un peu frustrant pour eux de voir les superbes clavecins et de ne pouvoir y toucher ou les entendre. Alors pourquoi ne pas choisir en formant un petit groupe la formule de la visite commentée avec démonstration musicale ?

4 000 instruments de musique du XVIe siècle à nos jours (tout n'est pas exposé) • 2 expositions temporaires par an • Bibliothèque spécialisée et photothèque.

HORAIRES • De 14 h à 18 h du mercredi au samedi.

ACCÈS • Métro : Europe, Villiers, Saint-Lazare • Bus : 66, 80, 95, 81, 20, 21, 24, 26, 27, 28, 29, 30.

TARIFS • 7 F. 5 F pour les enfants de plus de 7 ans et les étudiants.

DOCUMENTATION • Un petit feuillet gratuit avec quelques photos.

ANIMATIONS • Renseignements au musée, poste 373 • Visite commentée d'1 h : entrée + 60 F pour les scolaires et 120 F pour les adultes • Visite commentée d'1/2 h suivie d'1/2 h de démonstration musicale : entrée + 120 F pour les scolaires et 240 F pour les adultes • Il existe un cycle de conférences gratuites le jeudi de 18 h à 19 h 30 de novembre à mai.

PALAIS DE LA DÉCOUVERTE

Avenue Franklin-Roosevelt, 75008 Paris
Tél. 43 59 16 65
Répondeur : 43 59 18 21
Minitel : 45 63 18 07

Votre enfant se réveille-t-il les jours d'interro de maths avec des crampes symptomatiques ? A-t-il deux à trois fois par semaine des éruptions de boutons ? Ne prenez pas la peine de téléphoner à votre médecin. Nous connaissons un très bon remède à l'allergie scolaire, le voici : donnez-lui régulièrement le mercredi ou le samedi une petite dose de palais de la Découverte, et vous verrez, cela ira très vite beaucoup mieux ! Attention : la seule contre-indication pour les petits génies serait un risque d'accoutumance !

●● ■■

Au diable l'avarice ! Prenez le supplément planétarium sans hésiter... Sur une magistrale musique classique, la salle va se plonger soudain dans l'obscurité et vous allez vous retrouver entouré de milliers d'étoiles. Non, non, rassurez-vous, ce n'est pas un ange qui parle, mais l'animateur. Enfin, il a tout de même une patience d'ange pour répondre à toutes vos questions !

Après ce voyage dans le ciel, une petite promenade dans les salles d'astronomie et de l'espace vous permettra de planer encore un peu, avant de redescendre complètement sur terre. Là non plus, pas de déception : ce sont mille découvertes qui vous attendent — expliquées simplement et intelligemment. Dans la salle de l'énergie par exemple, il suffit d'appuyer sur un bouton pour voir se lever le vent qui va faire tourner les pales du moulin...

Tout ici est bien présenté, et je vous assure que cela vaut des petits cours particuliers : l'informatique avec sa salle d'ordinateur, la salle de maths, de physique ou de chimie avec ses éprouvettes et alambics, la bibliothèque pour travailler, le cinéma, la cafétéria et, bien sûr, les conférences qui ont lieu à tout moment dans chaque salle (consultez la liste au rez-de-chaussée).

Une bonne journée studieuse et sympa en perspective...

La science actuelle à la portée de tous. Vous trouverez • Au rez-de-chaussée : caisses et librairie • Au niveau 1 : bibliothèque, phototèque, biologie animale, expositions temporaires, cinéma, cafétéria, électricité, physique • Au niveau 2 : médecine, génétique, astronomie, espace, planétarium, sciences de la terre, énergie, chimie, maths, informatique.

HORAIRES • De 10 h à 18 h, sauf lundi et jours fériés.

ACCÈS • Métro : Franklin-Roosevelt • Bus : 28, 49, 83.

TARIFS • 15 F. 10 F pour les moins de 18 ans • Planétarium 11 F. 8 F pour les moins de 18 ans.

DOCUMENTATION • Dépliant avec plan du palais distribué au contrôle • Vous pouvez aussi vous abonner à la *Revue du palais* pour la somme de 130 F. Vous recevrez ainsi chez vous pendant un an tous les horaires des conférences et le détail des activités • Librairie au rez-de-chaussée : vous y trouverez beaucoup d'ouvrages pour les enfants sur les thèmes exposés • Bibliothèque ouverte à tous avec le ticket d'entrée. On y accède par la salle 3. Une partie de la bibliothèque est spécialement réservée aux enfants • Photothèque ouverte à tous sans ticket d'entrée. Vous pouvez y acheter des posters, des cartes, des diapositives • Film scientifique et documentaire autour d'un thème mensuel (par exemple : l'écologie). Tous les jours à 14 h 30 et 16 h 30, et ciné-club tous les samedis à 20 h 30. Gratuit.

ANIMATIONS • **Le planétarium** propose une initiation à l'astronomie à travers un merveilleux spectacle sur les planètes. Trois séances fixes à 14 h, 15 h 15 et 16 h 30, mais il existe des séances supplémentaires les week-ends et pendant les vacances scolaires. Téléphonez pour vous renseigner • Les conférences changent tous les mois de sujet mais les matières restent les mêmes. Il y en a toutes les 1/2 heures dans les différentes salles, et elles sont gratuites. Par exemple à 15 h, salle 3 : les fourmis ; salle 56 : l'énergie ; salle 46 : la génétique ; salle 50 : l'informatique. Les thèmes concernent généralement les plus de 12 ans. Leur liste est exposée sur les tableaux situés au rez-de-chaussée • La mise en place des **ateliers** est prévue pour bientôt. Ils concerneront les 12-18 ans et auront comme sujet l'astronomie, mais aussi peut-être l'informatique, la géologie, les sciences de la Terre. Contacter M. Briantais.

Musée des Enfants

14 avenue de New-York, 75016 Paris
Tél. 47 23 61 27, poste 365

Comme son nom l'indique, ce musée est évidemment tout désigné pour entrer dans ce guide. Rares sont en effet les musées qui s'adressent en priorité aux enfants. Mais ne vous inquiétez pas, les parents sont néanmoins les bienvenus !

▲▲ ●● ■■■

Toute la famille appréciera les très belles expositions — uniquement temporaires — qui y sont présentées.

Nous y avons vu, par exemple, des tapisseries étonnantes faites d'herbes diverses et exécutées par les doigts magiques de Marinette Cueco. Dans le film on voyait même cette dernière tresser des champs entiers, sur place, à la campagne ! Des bottes de paille étaient disposées dans le musée pour que nos enfants des villes puissent toucher et sentir cet étrange matériau venu d'ailleurs !

Une autre exposition présentait les machines singulières de Pierre Andrès, sortes de flippers géants en bois que les enfants pouvaient manipuler...

Renseignements au musée, au poste 365, pour savoir s'il y a une animation prévue pour les enfants et si l'exposition du moment convient bien à des enfants de 4-8 ans.

Le musée fait partie du musée d'Art moderne de la Ville de Paris, le MAM, 11 avenue du Président-Wilson, mais il possède aussi une entrée indépendante • Il propose exclusivement des expositions temporaires.

HORAIRES • De 10 h à 17 h 40, sauf lundi • Nocturne jusqu'à 20 h 30 le mercredi.

ACCÈS • Métro : Alma-Marceau, Iéna • Bus : 32, 42, 63, 72, 80, 82, 92.

TARIFS • 15 F. 1/2 tarif pour les plus de 7 ans. Groupes scolaires : 2 F par enfant.

DOCUMENTATION • 3 F le feuillet sur l'exposition • Audiovisuel • Librairie • Bibliothèque.

ANIMATIONS • Suivant les expositions, des animations sont proposées pour les groupes et parfois pour les individuels. Renseignements au musée, poste 365.

DÉTENTE • Cafétéria au musée d'Art moderne.

MUSÉE D'ENNERY

59 avenue Foch, 75016 Paris
Tél. 45 53 57 96

Attention, fragile ! Vous êtes dans un musée « musée » : laissez votre enfant-bulldozer à la maison. Ici, il faut regarder, détailler, s'imprégner de l'atmosphère étonnante.

Le parquet, les objets, les meubles, tout témoigne du goût qu'avait le XIXe siècle pour les « chinoiseries ».

Vous ne serez pas étouffés par les informations. On aimerait même en savoir davantage sur l'origine, l'époque et l'utilisation de certains objets. Ce n'est pourtant pas le cas de la collection de netsuke, véritablement impressionnante, très bien classée et légendée. Présentées dans de très belles vitrines d'époque, ces statuettes miniatures (exécutées en os, en ivoire, en pierre...) vous apprendront beaucoup sur la vie quotidienne et les légendes de la Chine et du Japon.

• C'est un des rares musées gratuits de Paris !

Objets d'art chinois et japonais, essentiellement une remarquable collection de netsuke, petites sculptures de différents matériaux regroupées par thème : animaux, scènes de la vie populaire, légendes chinoises...

HORAIRES • De 14 h à 17 h le jeudi et le dimanche.

ACCÈS • Métro : Victor-Hugo, Dauphine, Argentine • Bus : 82, 52.

TARIF • Gratuit.

ANIMATIONS • Renseignements au musée Guimet : 47 23 61 65.

DÉTENTE • Bois de Boulogne.

GALERIES NATIONALES DU GRAND PALAIS

Avenue du Général-Eisenhower, 75008 Paris
Tél. 42 89 54 10

Attention ! Dangereux ! Agoraphobiques (vive le Petit Robert !), ne poursuivez pas cette lecture. Mais pour vous qui n'aimez prendre le métro qu'à 18 h, qui rentrez en transes le jour des soldes aux Galeries Lafayette, qui ne partez en vacances que le jour J du 1er août, c'est le grand bonheur !

Vous ne serez pas le seul à visiter les splendides et gigantesques expositions organisées au Grand Palais, chef-d'œuvre de l'Exposition universelle de 1900. Cela dit, en choisissant l'heure d'ouverture ou le tout début d'après-midi, vous atteindrez peut-être les guichets.

Surtout n'oubliez pas de téléphoner au préalable, car des animations pour enfants sont prévues pour certaines expositions.

Expositions temporaires à thèmes • Bibliothèque.

HORAIRES • De 10 h à 20 h, sauf mardi. Nocturne jusqu'à 22 h le mercredi.

ACCÈS • Métro : Champs-Élysées-Clemenceau • Bus : 28, 49, 72, 73, 83.

TARIFS • Varient suivant les expositions.

DOCUMENTATION • Publication à l'occasion de chaque exposition d'un catalogue et d'un petit journal.

ANIMATIONS • Visites-conférences par les conférenciers des musées nationaux, renseignements : 42 96 58 30 • Animations pour les jeunes à l'occasion de certaines expositions. Renseignements au Service d'action culturelle : 42 60 39 26.

DÉTENTE • Les jardins des Champs-Élysées • Cafétéria.

MUSÉE GRÉVIN

10 boulevard Montmartre, 75009 Paris
Tél. 47 70 85 05

Un des musées les plus connus du grand public ! On s'en aperçoit dès l'entrée lorsque l'on doit faire 1/2 h de queue pour atteindre les caisses. Après, suivant les flux et reflux de la foule, vous accéderez à diverses vitrines et à différents spectacles. Une bonne solution pour les enfants : les échasses !

Pour que la visite soit supportable, il vous faut à tout prix éviter le week-end et les vacances scolaires. Ce serait payer fort cher pour se faire bousculer.

Vous avez donc choisi une journée à peu près tranquille et vous pénétrez dans les lieux qui tiennent plus du théâtre que du musée (on vous proposera d'ailleurs une séance de prestidigitation et le palais des mirages). Un petit bonjour au général de Gaulle en passant (c'est vrai qu'il était très grand !), et en avant la visite.

En fait l'intérêt (?) réside surtout dans la reconnaissance des personnalités (de Chantal Goya à François Mitterrand, en passant par Jean-Paul II ou Michel Platini). En revanche, les scènes historiques peuvent être une occasion de raconter un peu d'histoire de France (Roland à Roncevaux, sacre de Charles VII, Louis XIV à Versailles, assassinat de Marat...).

• Annexe du musée Grévin : le Nouveau Musée Grévin du forum des Halles (la Belle Époque à Paris), grand balcon, niveau 1, rue Pierre-Lescot, 75001 Paris. Tél. 42 61 28 50. De 10 h 30 à 21 h 30 en semaine. De 13 h à 20 h les dimanche et jours fériés.

Les célèbres mannequins de cire qui représentent les personnalités historiques ou d'actualité • Reconstitution de scènes historiques • Le palais des mirages (animation avec lumières et miroirs) • Le cabinet fantastique (séance de prestidigitation).

HORAIRES • De 13 h à 18 h.

ACCÈS • Métro : Richelieu-Drouot, Montmartre • Bus : 20, 39, 48, 67, 74, 85.

TARIFS • 34 F. Pour les 6-14 ans : 22 F.

DOCUMENTATION • un dépliant à 3 F.

Musée Guimet

6 place d'Iéna, 75016 Paris
Tél. 47 23 61 65

Le musée Guimet vous offre gratuitement un moyen fantastique de faire découvrir à votre enfant les civilisations d'Asie : pour les plus jeunes des contes chinois ou la vie du Bouddha, pour les autres une initiation aux écritures ou à la danse.

Emmenez-les aussi faire un tour dans les collections du musée, voir l'art khmer par exemple — au rez-de-chaussée —, dont la présentation est très séduisante. Vous y contemplerez des déesses aux nombreux bras, des statues d'animaux : éléphants, tigres... D'autres salles, comme les bannières tibétaines ou la fabuleuse série de céramiques chinoises, sont à réserver, à notre avis, aux amateurs passionnés, pour ne pas dire éclairés !

Civilisations et arts traditionnels d'Asie orientale et extrême-orientale • Annexe musée Guimet : iconographie du bouddhisme japonais, 19 avenue d'Iéna, 75016 Paris, lundi et vendredi.

HORAIRES • De 9 h 45 à 12 h et de 13 h 30 à 17 h 15, sauf mardi.

ACCÈS • Métro : Iéna • Bus : 32, 63, 82.

TARIFS • 15 F. 8 F le dimanche. Gratuit pour les enfants.

DOCUMENTATION • Petits guides à 7 F sur les arts des différents pays • Un audiovisuel en préparation • Pour les enseignants : fiches pédagogiques sur les pays d'Asie • Sonothèque : accès libre • Bibliothèque : pour étudiants ou sur demande • Photothèque : pour étudiants ou sur demande.

ANIMATIONS • Nouveauté au musée Guimet à partir de mars 1988 : pour les 5-8 ans, des **contes chinois** ; pour les 8-10 ans, **la vie du Bouddha**. Certains mercredis et samedis. Téléphoner au musée. C'est gratuit • Pour adultes, tous les mercredis et samedis à 13 h 30 : 26 F (par des conférenciers des musées nationaux dans le cadre des visites approfondies). Renseignements au musée ou au : 42 96 58 30 • Des visites pour jeunes sont aussi organisées par la CNMHS : 20 F. Renseignements : 48 87 24 14 ou 42 74 22 22 • **Atelier** d'initiation aux écritures d'Asie et atelier d'initiation aux danses indiennes (pour les 12-18 ans). De 15 h à 17 h 15 le mercredi et le samedi. Rendez-vous à la rotonde. Remise d'un dossier. Généralement cycle de 2 séances. C'est gratuit.

Musée Hébert

Hôtel de Montmorency
85 rue du Cherche-Midi, 75006 Paris
Tél. 42 22 23 82

L'œuvre d'Hébert n'a peut-être pas révolutionné la vie artistique de son temps, mais le classicisme a son charme, beaucoup de charme même... Vous verrez que, votre escale dans ce bel hôtel particulier du XVIIIe siècle vous laissera comblé.

Hébert, qui fut premier prix de Rome, dirigea la villa Médicis pendant 2 ans. C'est ce séjour en Italie qui lui inspira ses très belles peintures de paysages. Ses portraits aussi sont superbes.

Le musée ne présente que l'œuvre d'Hébert, sauf pendant les expositions temporaires. Dans ces occasions, on rogne alors, hélas, sur les collections permanentes. Pensez donc à téléphoner au musée avant de vous déplacer.

Peintures, aquarelles et dessins d'Ernest Hébert (1817-1908), présentés dans un hôtel particulier du XVIIIe siècle décoré du mobilier de l'artiste • Expositions temporaires • Montage audiovisuel sur la vie du peintre.

HORAIRES • De 14 h à 18 h, sauf mardi.

ACCÈS • Métro : Sèvres-Babylone, Saint-Placide, Vaneau • Bus : 39, 87, 70, 68, 94, 95, 96, 48.

TARIFS • 10 F. 5 F pour les 18-25 ans. Gratuit pour les moins de 18 ans.

DOCUMENTATION • Petit guide à 7 F.

ANIMATIONS • Conférencier du Louvre : 42 96 58 30.

MUSÉE HENNER

43 avenue de Villiers, 75017 Paris
Tél. 47 63 42 73

L'Alsacienne, c'est lui ! Mais non, pas les petits-beurre ! Le beau portrait de l'Alsacienne avec sa coiffe noire en forme de papillon.

Ce n'est pas un musée très gai et vous serez sans doute le seul visiteur à faire grincer les parquets. Il est cependant intéressant car on y trouve l'œuvre d'un seul peintre, avec toutes ses périodes (sur trois étages, avec, au dernier, un atelier). Henner fut un peintre encensé de son vivant et, à ce titre, son œuvre est aussi le reflet d'une époque.

L'œuvre du peintre Jean-Jacques Henner (1829-1905) • Expositions temporaires.

HORAIRES • De 10 h à 12 h et de 14 h à 17 h, sauf lundi.

ACCÈS • Métro : Malesherbes, Monceau • Bus : 30, 94.

TARIFS • 12 F. Pour les plus de 13 ans : 7 F.

DOCUMENTATION • Petit guide : 7 F.

ANIMATIONS • Renseignements à la Direction des musées de France : 42 96 58 30.

DÉTENTE • Le parc Monceau n'est pas loin.

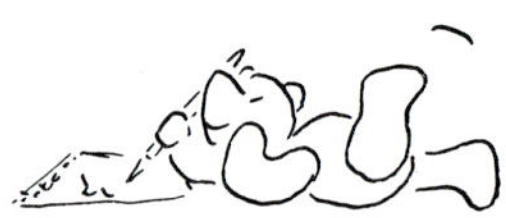

Halle Saint-Pierre - Musée en herbe et Musée d'art naif

1 rue Ronsard, 75018 Paris
Tél. 42 58 74 12

Intelligent. Beau. Clair. Instructif. Amusant. Original. Accueillant. Changeant. Sympathique. Surprenant... Bref, fabuleux ! Les mains dans la pâte et les colorants jusqu'aux coudes — dans les ateliers — ou à plat ventre sur la moquette pour dessiner — dans l'exposition —, les enfants se sentiront mieux que chez eux. Ils ne voudront plus partir, ou alors il faudra leur promettre, ce que vous ferez avec joie, qu'ils reviendront.

▲▲▲ ●●● ■■■

Dans l'ancienne halle peinte en bleue, claire, spacieuse, se trouvent deux espaces bien distincts :

Au rez-de-chaussée, le musée en herbe, un musée comme on en rêve, à visiter absolument. Dans le hall, des tables-Légo et du sable permettent aux jeunes enfants d'attendre les sympathiques ateliers (cuisine, construction... en rapport avec l'exposition). Mais pourquoi attendre, allez plutôt visiter et revisiter les superbes expositions. Prenez les jeux de piste, lisez les panneaux, plongez-vous dans les films vidéo et regardez. Tout est fait pour vous surprendre, pour vous séduire avec intelligence, que vous ayez 3 ou 75 ans.

Pendant que vos enfants sont aux ateliers, visitez au 1er étage le musée d'art naïf Max-Fourny, où foisonnent les œuvres d'artistes contemporains venant de tous les pays. Ensuite n'oubliez pas que vous êtes à Montmartre : vos enfants seront ravis de prendre le funiculaire (il est à 50 m et, pour un ticket de métro, vous serez hissé au pied du Sacré-Cœur) ou le montmartrobus.

- Possibilité de fêter son anniversaire le mercredi et le samedi à 14 h sur rendez-vous ; 15 enfants au maximum : 600 F.
- Photographies interdites.

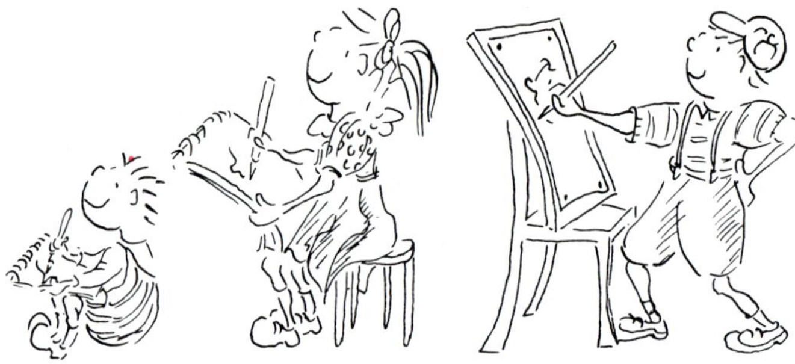

Rez-de-chaussée : musée en herbe, réservé aux expositions temporaires (particulièrement adaptées aux enfants) et audiovisuel • 1er étage : musée d'art naïf Max-Fourny : peintures, sculptures.

HORAIRES • De 10 h à 18 h.

ACCÈS • Métro : Anvers • Bus : 30, 54, 85.

TARIFS • 17 F. 13 F pour les enfants. Visite + atelier enfants : 17 F.

DOCUMENTATION • Guide sur l'exposition permanente d'art naïf : 20 F • Pour l'exposition temporaire du musée en herbe : grandes fiches gratuites disposées tout au long de l'exposition • Librairie avec sélection de livres pour enfants • Des feuillets **parcours-jeu** très bien faits (plusieurs niveaux d'âges, coloriages, questions...) sont distribués à l'entrée du musée, gratuitement.

ANIMATIONS • Des panneaux posent de très bonnes questions aux enfants tout au long de l'exposition et les incitent à observer, à réfléchir • Conférences pour jeunes organisées par la CNMHS, renseignements : 48 87 24 14 (20 F + entrée du musée) • **Ateliers** liés aux expositions temporaires du musée en herbe. A partir de 4 ou 5 ans les mercredi, samedi, dimanche et vacances scolaires à 14 h et 15 h 30. Durée : 1 h 30 (les ateliers varient suivant les expositions, téléphoner au musée pour en savoir le thème).

DÉTENTE • Square Willette sous le Sacré-Cœur. Salon de thé dans le musée.

Musée en Herbe

Jardin d'Acclimatation, Bois de Boulogne, 75016 Paris
Tél. 40 67 97 66

Vous voilà sur le petit train de la porte Maillot en partance pour le jardin d'Acclimatation. N'ayez pas honte, nous sommes tous passés par là : rivières enchantées, barbe à papa et glaces déformantes... C'est le métier de parent qui rentre et l'argent qui sort. Si vous voulez néanmoins une halte culturelle bienfaisante dans cette journée d'enfer, poussez donc la porte du Musée en herbe !

▲▲▲ ●●● ■■■

Le musée s'adresse aux enfants. Après un accueil très gentil, on leur propose donc des jeux écrits adaptés à leur âge, des panneaux explicatifs, des ateliers de démonstration. Le principe est excellent, mais — est-ce parce que l'on a payé l'entrée si cher — on reste un petit peu sur sa faim ! Il y a pourtant des tas d'idées amusantes et instructives, et la même équipe propose au musée en herbe de la halle Saint-Pierre des expositions formidables. Donc faisons-leur confiance pour les prochaines expositions.

• Si vous ne voulez pas vous ruiner dans le jardin d'Acclimatation (manèges, circuits, stands...) et faire un tour après le musée, il suffit de prendre à gauche à l'embranchement situé après les glaces déformantes. Cette voie vous mènera directement dans le secteur des jeux gratuits.

Expositions temporaires à thème (un village au temps d'Astérix, éléphantillages...), particulièrement adaptées aux enfants.
HORAIRES • De 10 h à 18 h tous les jours.
ACCÈS • Métro : Sablons • Bus : 73 • Dans le jardin d'Acclimatation, tout de suite à gauche après la caisse principale.
TARIFS • Entrée du jardin : 9 F (gratuit pour les moins de 3 ans) ou 12 F au départ du petit train porte Maillot • Entrée du musée : 12 F (gratuit pour les moins de 4 ans), soit au minimum 21 F par enfant.
DOCUMENTATION • Une bibliothèque gratuite • Librairie avec livres pour enfants.
ANIMATIONS • Des **jeux de piste** gratuits • Un **atelier** à 14 h les mercredi, samedi et dimanche : 5 F environ. Pour certaines expositions, des ateliers de démonstration (les enfants regardent). Un atelier jardinage, renseignements auprès de Yolande Sudres : 48 33 02 51.
DÉTENTE • Vous êtes dans le jardin d'Acclimatation.

MUSÉE DE L'HOLOGRAPHIE

Forum des Halles, niveau 1
15-21 Grand-Balcon, 75001 Paris
Tél. 42 96 96 83

Grâce au laser, une nouvelle forme d'art est née. Vous l'ignoriez ? Allons donc ! Courez vite au forum, et si les œuvres ne vous séduisent pas, vous serez en tout cas impressionné.

Avant de rentrer au musée, regardez bien dans la boutique, elle vous donnera une assez bonne idée de ce que vous verrez à l'intérieur. Le musée n'est pas très grand et un peu cher, mais avouons-le, c'est étonnant. Incorporés dans des sculptures, dans des tableaux, ces photos en trois dimensions, quasiment vivantes, mettent parfois mal à l'aise ou provoquent des fous rires !

Exposition d'images en relief obtenues grâce au laser • Expositions temporaires • Une boutique.

HORAIRES • De 10 h 30 à 19 h. De 13 h à 19 h les dimanches et jours fériés.

ACCÈS • Métro RER : Châtelet - Les Halles • Bus : 38, 47, 75, 69, 67, 21, 70, 72 • Parking sud.

TARIFS • 25 F. Tarif réduit : 19 F.

DOCUMENTATION • Un petit dépliant gratuit sur l'holographie.

ANIMATIONS • Visites-conférences d'1 h : 30 F (téléphoner pour réserver) • Des stages réservés aux adhérents (100 F) permettent de réaliser des hologrammes. 3 h : 275 F. Week-end : 1 800 F. Une semaine : 4 650 F • Des conférences et des séminaires sont aussi organisés, téléphoner au musée.

DÉTENTE • Le jardin des Halles • Restaurants et cafétérias dans le forum.

Musée de l'Homme

Palais de Chaillot
Place du Trocadéro, 75016 Paris
Tél. 45 53 70 60

Ne vous laissez pas décourager par les « araignées » qui envahissent les collections permanentes du musée !
Vous avez deux solutions :
Vous rendre uniquement aux expositions temporaires, fort propres et fort belles !
Vous armer d'un plumeau ou du costume de Mme Pliz et partir à la découverte des trésors enfouis dans les collections permanentes.

●● ■■

Comment un musée qui présente de si belles expositions temporaires peut-il laisser les araignées envahir ses collections permanentes ? Mystère ! Ou plutôt question de gros sous, certainement. Mais encore quelques dizaines d'années comme cela et on pourra mettre le musée de l'Homme dans un musée !

Enfin, tout de même ! Un petit coup de temps en temps sur les carreaux, des éclairages un tout petit peu plus puissants dans les vitrines et quelques panneaux d'explication bien clairs pour les enfants, tout cela plongerait-il vraiment le musée dans la ruine ? Alors, d'avance, merci : il est trop triste de voir tant de trésors aussi peu mis en valeur.

Mais n'ayez pas peur, nous allons vous guider et votre visite sera agréable.

Pour les petits et les moyens, nous avons une préférence pour la galerie des peuples arctiques, au 2ᵉ étage (traîneau, kayak, chasseur, harpon...) et surtout pour la galerie d'Amérique du Nord qui a été rajeunie et a une présentation attrayante (maquette d'un village indien, reconstitution d'un tipi...). Souhaitons que toutes les salles soient ainsi rénovées. Pour accéder à ces galeries, vous en traverserez d'autres : laissez les enfants vous guider vers ce qui attire leur attention, mais n'essayez surtout pas de tout voir. Pour mieux leur expliquer les objets qu'ils regardent, nous vous conseillons d'acheter le guide du musée.

Les plus grands peuvent aller dans les salles conseillées plus haut, mais aussi au 1ᵉʳ étage à la galerie d'anthropologie biologique. Ils y verront des présentations de fœtus, des panneaux avec courbes de croissance, variations de la taille, couleurs de la peau, groupes sanguins..., et même les mutilations imposées au corps par les rites, les coutumes.

Pensez aux expositions temporaires (avec audiovisuel).

• Les films d'ethnographie (tous les jours à 15 h) sont un peu difficiles pour des enfants.

• Dernière nouvelle : de grands changements sont prévus au musée de l'Homme : salles d'accueil et d'information, salles de conférences, animations, audiovisuels... modernisation complète du musée. Bravo !

Origine et évolution de l'homme • Étude de l'homme fossile, paléoanthropologie et civilisations de la préhistoire (1er étage) • Anthropologie du vivant : diversité biologique des groupes humains (1er étage) • Les cultures et les sociétés humaines du monde : art et traditions populaires. 1er étage : Afrique noire, Madagascar, Proche-Orient, Afrique du Nord, Europe. 2e étage : peuples arctiques, Asie, Océanie, Amérique et salle des arts et techniques • Expositions temporaires (1er étage) • Salle de cinéma (films d'ethnographie tous les jours à 15 h) • Photothèque, poste 316 • Bibliothèque.

HORAIRES • De 9 h 45 à 17 h 15, sauf mardi et jours fériés.

ACCÈS • Métro : Trocadéro • Bus : 22, 30, 32, 63, 72, 82.

TARIFS • Galeries permanentes : 15 F. Tarif réduit : 7 F • Exposition temporaire : 16 F. Tarif réduit : 8 F • Exposition temporaire + collection permanente : 20 F. Tarif réduit : 10 F.

DOCUMENTATION • Guide sur le musée : 21 F • Librairie ouverte de 10 h à 18 h.

ANIMATIONS • Téléphoner au service d'action culturelle : 45 53 09 16 • Conférences pour adultes, le mercredi soir à 18 h d'octobre à juin dans la salle de cinéma, programme : 45 53 70 60 • Visite guidée gratuite le mercredi à 14 h 30.

DÉTENTE • Jardins du Trocadéro • Restaurant dans le hall.

MAISON DE VICTOR HUGO

Hôtel de Rohan-Guéménée
6 place des Vosges, 75004 Paris
Tél. 42 72 16 65

Laissons l'écrivain de côté et partons à la découverte de l'homme le plus célèbre de son temps, dessinateur, menuisier ou décorateur pour le moins original.

Victor Hugo était un passionné. Il s'intéressa à la décoration, au dessin, à la menuiserie, à la photographie, à l'au-delà..., et son appartement de la place des Vosges en rend bien compte. On souhaiterait cependant plus d'explications sur les objets, les personnages, les peintures...

La place des Vosges, où se trouve le musée, et qui aujourd'hui compte d'autres habitants célèbres, est un endroit agréable à découvrir.

• Vous pouvez toujours compléter votre visite en allant dans l'autre charmante maison de Victor Hugo, à Guernesey (îles Anglo-Normandes), qui appartient aussi à la Ville de Paris !

Les aspects de la vie de Victor Hugo (1802-1885). Dans cet hôtel particulier où Victor Hugo habita au 2e étage, on a reconstitué des pièces (de différentes demeures) dont il composa le décor • Nombreux dessins de l'écrivain • Peintures, sculptures ou photos représentant l'écrivain ou ses proches • Tableaux inspirés par ses œuvres.

HORAIRES • De 10 h à 17 h 40, sauf lundi et jours fériés.

ACCÈS • Métro : Chemin-Vert, Saint-Paul, Bastille • Bus : 96, 20, 29, 65, 69, 76.

TARIFS • 9 F. 1/2 tarif pour les étudiants.

DOCUMENTATION • Bibliothèque consacrée à Victor Hugo ouverte aux chercheurs.

ANIMATIONS • Environ une fois par mois le mardi à 14 h 30 visite-conférence sur la demeure et l'œuvre de Victor Hugo, par un conférencier de la Ville de Paris. Téléphoner au musée pour la date. 18 F.

DÉTENTE • La place des Vosges.

Musée Kwok On

41 rue des Francs-Bourgeois, 75004 Paris
Tél. 42 72 99 42

Bravo à M. Kwok On, un passionné d'opéra chinois, qui fit don en 1971 de sa fabuleuse collection. Ce musée est un lieu sympathique, hélas fermé le week-end pour des problèmes de copropriété.

▲ ●● ■■

Les expositions sont remplies d'objets magnifiques. Pour les 5-9 ans, arrangez-vous pour cumuler la visite avec une séance de marionnettes chinoises (voir plus bas). Pour les plus grands, demandez que l'on vous mette un film-vidéo (plusieurs thèmes).

Conclusion, s'il y a une queue de 200 m devant le musée Picasso, n'hésitez pas, entrez donc dans le musée Kwok On.

Introduction aux cultures d'Asie avec une prédilection pour le théâtre : costumes, masques, instruments de musique, gravures, marionnettes • Le fonds du musée est présenté par roulement dans des expositions temporaires.

HORAIRES • De 10 h à 18 h, sauf samedi, dimanche et jours fériés.

ACCÈS • Métro : Saint-Paul • Bus : 29, 69, 76, 96.

TARIFS • 10 F. Pour les plus de 8 ans : 5 F. Gratuit pour les moins de 8 ans.

DOCUMENTATION • 1 feuillet gratuit sur le musée et sur les expositions • 1 catalogue prêté ou à acheter • 1 dépliant sur le théâtre de marionnettes chinoises • Audiovisuel à la demande (plusieurs thèmes) • Un centre de documentation spécialisé dans les traditions de l'Asie avec bibliothèque, discothèque (notamment des disques chinois des années 20), photothèque, vidéothèque.

ANIMATIONS • Téléphoner au musée ou à Mme Vachier, conférencière attachée au musée : 42 72 14 29 • Ateliers pour adolescents et adultes par l'ADAC dans la cour du musée. Marionnettes chinoises, techniques de l'opéra chinois, tapisserie, aquarelle, peinture chinoise..., les mardi, mercredi, jeudi après-midi, environ 250 F par trimestre. Se renseigner sur place • **Spectacle de marionnettes chinoises** par le théâtre du Petit Miroir pour les 5-9 ans. Tous les jours sauf samedi et dimanche à 10 h et 14 h 30. Prix des places (entrée musée comprise) : 15 F par enfant, 25 F par adulte. Renseignements au musée ou au 45 20 80 65 (théâtre du Petit Miroir) de 11 h à 17 h. Réservation possible.

FONDATION LE CORBUSIER

8 square du Docteur-Blanche, 75016 Paris
Tél. 42 88 41 53

Imaginez la tête des habitants d'Auteuil et de Passy voyant — en 1923 — Le Corbusier construire sa villa. Au fou! On comprend en la voyant que tous les architectes du monde y viennent en pèlerinage. Comme visionnaire, on a rarement fait mieux.

La visite de la villa, perdue au fond d'une agréable impasse, vous permettra aussi de découvrir un quartier : juste à côté se trouve la rue Mallet-Stevens, autre architecte célèbre, avec ses constructions. Mais revenons à la villa où vous mêlerez votre signature, sur le livre d'or, à celles des centaines d'architectes et étudiants en architecture venus du monde entier pour l'admirer. Seul regret, l'intérieur pourrait être mieux entretenu et complètement meublé, Le Corbusier bien entendu !

• Dans la villa, un plan vous indiquera les autres constructions de Le Corbusier dans Paris.

Villa « La Roche » construite par Le Corbusier (architecte 1887-1965) en 1923 • Centre de documentation sur l'architecture.

HORAIRES • De 9 h à 12 h et de 13 h 30 à 18 h du lundi au vendredi, sauf août • A côté, bibliothèque à la villa Jeanneret, de 13 h 30 à 18 h du lundi au vendredi.

ACCÈS • Métro : Jasmin • Bus : 22, PC.

TARIF • 5 F.

DOCUMENTATION • Nombreux livres sur Le Corbusier.

DÉTENTE • Bois de Boulogne.

MUSÉE DU LOUVRE

Palais du Louvre, 75001 Paris
Tél. 42 60 39 26

Enfilez vos meilleures chaussures, faites quelques exercices d'assouplissement, prenez vos crayons et sacs à dos, et n'oubliez pas une corde de rappel, genre fil d'Ariane, pour éviter de vous égarer. Votre destination ? Le palais du Louvre. Votre mission ? Découvrir 40 siècles de culture.

Quel périple ! En une seule journée, vous allez passer des sarcophages égyptiens au tombeau de Philippe Pot de la fin du XVe siècle, et si vous ne voulez pas y perdre la tête (la *Victoire de Samothrace* ne s'en est jamais remise !), il va vous falloir faire un choix judicieux entre les multiples départements à visiter. D'autant plus, il faut bien l'avouer, que pour découvrir toutes ces splendeurs, vous devrez vous armer de courage et de persévérance... Car hélas ! mille fois hélas ! les salles sont austères et impersonnelles. Mais tout cela va peut-être changer bientôt...

Il est impossible pour les plus grands de venir au Louvre sans visiter le département de la peinture française. Mais qu'ils ne s'attendent pas à un parcours facile ! Les toiles sont accrochées les unes à côté des autres, sans véritable souci d'harmonie, et dans l'air flotte une odeur de poussière et de vieux musée. Apparemment, rien d'excitant ! Et pourtant que de beautés pour qui sait regarder ! Alors, cramponnez-vous bien à votre audioguide et partez à la découverte des œuvres exposées qui sont, vous allez voir, une véritable illustration de vos cours d'histoire. Vous allez assister en direct à nos plus grandes batailles, être présents au sacre de nos rois, connaître les visages des grands du royaume...

Mais attention, ne boudez pas pour autant l'histoire européenne (elle est d'actualité !) : les peintures italiennes, flamandes, hollandaises du Louvre sont parmi les plus belles du monde. Sans parler, bien sûr, de *la Joconde*, qui reçoit tellement de visites qu'on a été obligé de la protéger par une cage de verre !

Ne quittez pas le 1er étage sans avoir visité les « objets d'art », surtout si vous êtes amateur, ou bien encore peut-être chercheur de trésors. Car, ici, vous allez écarquiller les yeux d'étonnement et d'admiration. Pas dans toutes les salles, bien

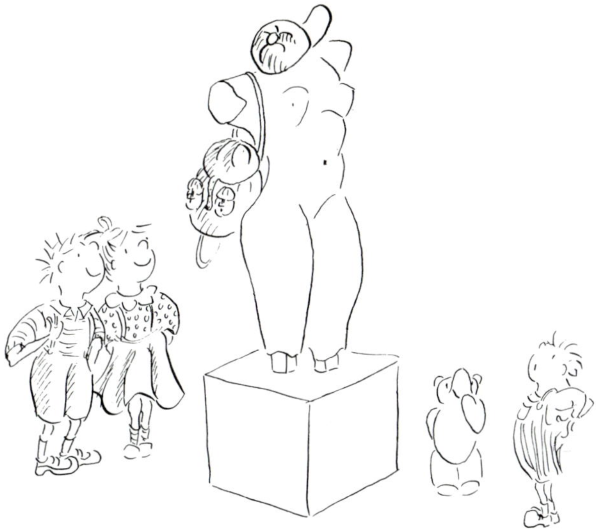

sûr. Celles consacrées à l'ébénisterie, à la céramique, à l'orfèvrerie risquent de vous intéresser nettement moins. Mais, là, juste à côté de la peinture française, vous attendent les « trésors royaux ». Que de merveilles ! Des couronnes, des ornements de sacre, des bijoux, des saphirs, des émeraudes, des diamants, et pas n'importe lesquels. Vous allez tomber en extase devant le célèbre « Régent » qui, à lui tout seul, fait 137 carats ! De quoi donner des frissons à votre âme de pirate !

Pour les plus jeunes, pas d'hésitation, il faut absolument qu'ils voient le monde merveilleux des pharaons (département des antiquités égyptiennes). Ce voyage sera plus facile si vos benjamins ont déjà quelques notions sur le sujet ; sinon il leur faudra de l'imagination ! Munissez-vous de toute la documentation nécessaire, comme les feuillets visites-découvertes ou visites-explorations (vous allez adorer le jeu de l'hippopotame bleu !), et n'oubliez pas que les 10-13 ans peuvent bénéficier gratuitement les mercredi et samedi à 14 h 30 de visites guidées organisées exprès pour eux.

Vous êtes prêt ? Descendez quelques marches, pénétrez dans des salles voûtées (et complètement réaménagées), et laissez-vous emporter au temps de Ramsès II. Vous allez avoir rendez-vous avec les dieux, les hauts fonctionnaires et les scribes, connaître tous les secrets des papyrus sur lesquels les Égyptiens inscrivaient jour après jour leur histoire, percer le mystère des chapelles funéraires en entrant dans un mastaba, vivre mille aventures palpitantes... Si vos enfants sont passionnés, inscrivez-les à un atelier (le mercredi et le samedi). Six sont consacrés à l'Égypte, ils n'auront que l'embarras du choix. Et ne partez surtout pas sans leur avoir montré notre pyramide du XXe siècle !

L'art à travers les siècles. Vous trouverez • Les antiquités gréco-romaines : rez-de-chaussée et 1er étage • Les antiquités égyptiennes (et art copte) : rez-de-chaussée et 1er étage • Les antiquités orientales : rez-de-chaussée • Les sculptures : rez-de-chaussée • La librairie : rez-de-chaussée • Les peintures : 1er et 2e étage • Le cabinet des dessins : 1er et 2e étage • Les objets d'art et le mobilier : 1er étage • Le salon de thé-snack : 1er étage.

HORAIRES • De 9 h 45 à 18 h 30, sauf mardi et jours de fête.

ACCÈS • Métro : Louvre, Palais-Royal • Bus : 24, 27, 39, 48, 68, 69, 72.

TARIFS • 20 F. 10 F pour les 18-25 ans. Gratuit le dimanche et pour les moins de 18 ans.

DOCUMENTATION • Les mercredi, samedi et dimanche, des **jeux de piste** sont distribués aux enfants, selon leur âge — Pour les 5-10 ans, les visites-découvertes leur permettront tout en s'amusant de découvrir une ou plusieurs œuvres du musée — Pour les plus de 11 ans, les visites-explorations les aideront à visiter un département entier du Louvre • Librairie : vous y trouverez beaucoup de livres d'art superbes. A prendre pour 7 F : *Le Petit Guide des grands musées* sur le Louvre.

ANIMATIONS • **Visites guidées pour les jeunes de 10-13 ans**, les mercredi et samedi, à 14 h 30, deux sortes de visites gratuites sur le département des Antiquités. — La visite-animation est un dialogue avec un conférencier. — La visite-exploration est une recherche personnelle à l'aide d'un dossier et accompagné d'un animateur. La durée de ces visites est d'1 h 30 et le rendez-vous a lieu près du bureau d'accueil à l'entrée. Attention : le nombre d'enfants est limité à 30. Renseignements : 42 60 39 26, poste 38 29 • **Pour les 14-18 ans**, les mercredi, samedi et dimanche, un acoustiguide gratuit (c'est un livret + une cassette) sur les portraits français. Renseignements : 42 60 39 26, poste 33 31 • **Pour tous** : un acoustiguide sur chaque département du Louvre : 20 F — A 12 h 30, tous les jours gratuitement, « Une heure, une œuvre » • Pour profiter des visites approfondies du musée, renseignez-vous auprès de Corinne Glenaz, poste 37 44.

• **Ateliers**, pour les 8-16 ans sur l'Égypte, les mercredi et samedi à 14 h. Ils sont gratuits et ne nécessitent pas d'inscriptions préalables. Le rendez-vous a lieu près du bureau d'accueil. Attention, ces ateliers durent 2 séances de 2 h chacune. Renseignements : 42 60 39 26, poste 38 29 pour connaître le thème du jour. 6 ateliers sont en place. — L'écriture hiéroglyphe : après avoir découvert dans le musée le métier de scribe, les enfants écriront en hiéroglyphes. — L'architecture : visite des salles pour comprendre la fonction et l'utilisation d'un temple. — Coutumes funéraires : visite des salles et réalisation d'une maquette de sarcophage. — Le Nil : réalisation d'une barque égyptienne. — Le tissage : approche de la civilisation copte. Réalisation d'un tissage. — Les bijoux : réalisation d'une résille en perles.

• Un atelier sur la Grèce va ouvrir prochainement. Renseignements : 42 60 39 26, poste 38 29.

DÉTENTE • Cafétéria. Ouf ! Faites une pause au 1er étage, pas loin de *la Joconde* • Boutique : vous pouvez y acheter des reproductions du Louvre • Espace vert : jardin des Tuileries.

MUSÉE DU LOUVRE BIS

Le Louvre est en train de faire peau neuve. Un vrai lifting pour ce vieux musée qui commençait à très mal supporter la concurrence des nouveaux venus : Beaubourg, la Villette, Orsay.

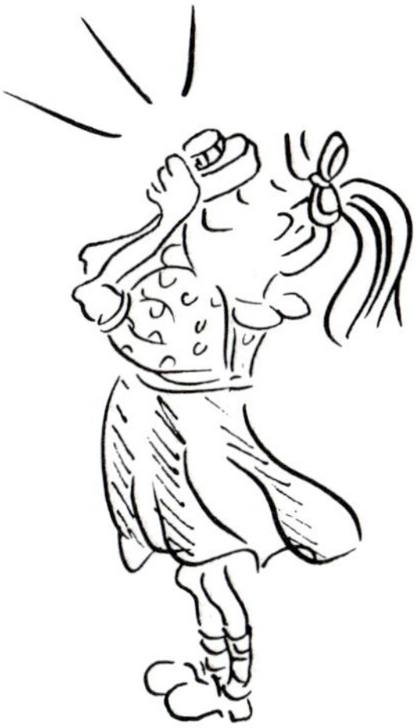

1re transformation : la Pyramide. C'est par elle que dès 1988 vous accéderez au musée. L'accueil y sera désormais agréable et l'orientation facile.

2e transformation : réorganisation entière du musée et réaménagement des espaces ; mais pour cela il faudra attendre encore une dizaine d'années. Pour vous mettre l'eau à la bouche, voici, en principe, comment se présenteront les différents départements :

Vous trouverez • Pavillon Richelieu : sculptures et peintures françaises, objets d'art au Nord • Pavillon Sully : antiquités à l'Est • Pavillon Denon : peintures et sculptures italiennes au Sud • Cour carrée : peinture française • Passage Richelieu : sculpture classique française.

ACCÈS • Un parking est prévu à l'est et au nord du Carrousel. Il pourra accueillir 80 cars et 600 voitures.

DÉTENTE • Dans la galerie seront installées des commerces et des services.

Musée de la Marine

Palais de Chaillot, place du Trocadéro, 75116 Paris
Tél. 45 53 31 70

Un tout petit peu d'imagination et... ça y est : votre enfant est devenu le terrible Barbe-Rouge devant lequel fuient tous les galions, chargés d'or et de méchants Espagnols.
Tenez, maintenant le voilà pilote de bateau à vapeur remontant le Mississippi au son d'Old Man River.
Le voilà encore, milliardaire en smoking, arpentant les ponts en teck d'un somptueux transatlantique.
Allez, tous à l'abordage de ce merveilleux musée ! Et inutile de dire à votre moussaillon de faire de beaux rêves la nuit prochaine. Ils sont pratiquement compris dans le ticket d'entrée !

▲▲▲ ●●● ■■■

Pendant que vous admirerez les superbes marines, vos petits derniers grimperont sur une passerelle de navire (grandeur réelle), avant de s'arrêter sur les scaphandriers. Vos aînés, eux (vous avez vraiment une grande famille, bravo !), après s'être absorbés dans la contemplation des maquettes de vaisseaux construites pour instruire les futurs officiers et même le futur Louis XV, s'arrêteront dans la salle de cinéma pour voir la chasse à la baleine. Ils vous rejoindront ensuite, ravis d'apprendre qu'il fallut faire une brèche dans le mur du musée pour rentrer le canot de l'empereur, long de 17 mètres.

Ne manquez surtout pas ce musée fantastique et n'oubliez pas la visite organisée du mercredi (téléphoner et réserver).

• Visite de l'atelier de restauration des maquettes, au milieu du musée, le 2e dimanche de chaque mois à 11 h.

• D'excellents livres (documentaires ou romans) sur la mer, les bateaux, les voyages — pour les petits et les grands — sont en vente à la librairie du musée.

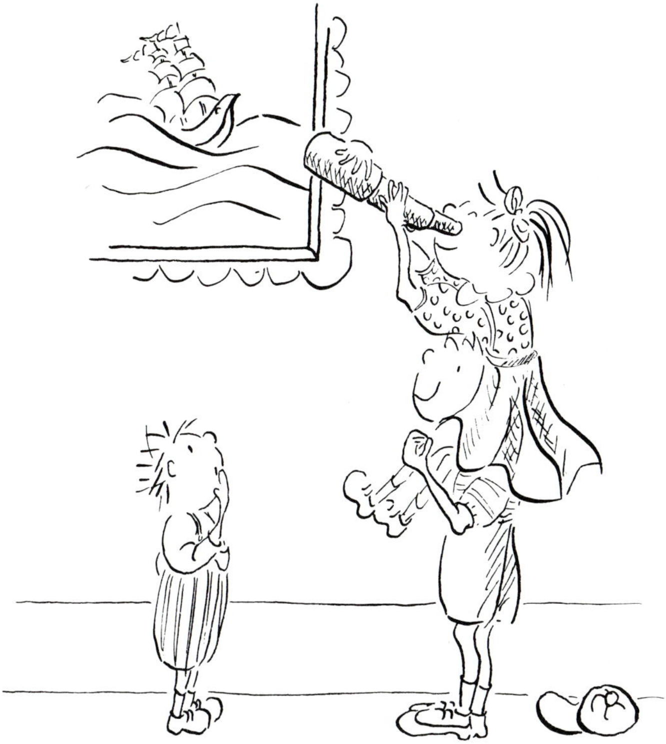

Tout ce qui se rapporte à la navigation sur la mer : la Marine nationale, la marine de pêche, la marine de plaisance • Nombreux thèmes : la construction navale des XVIIIe et XIXe siècles, la plongée sous-marine, le sauvetage en mer • Maquettes, tableaux, matériel • Expositions temporaires • Audiovisuel : la chasse à la baleine, l'histoire des galères.

HORAIRES • De 10 h à 18 h, sauf mardi et jours fériés.

ACCÈS • Métro Trocadéro • Bus : 22, 30, 32, 63, 72, 82.

TARIFS • 15 F. 1/2 tarif pour les 5-12 ans. Gratuit pour les moins de 5 ans.

DOCUMENTATION • Petit journal : 5 F • Brochure : 21 F • Nombreux ouvrages intéressants à la librairie • Bibliothèque spécialisée.

ANIMATIONS • **Visite-conférence** tous les mercredis à 15 h pour les 7-12 ans : 7 F (téléphoner au musée) • Groupe d'enfants : 145 F pour 1 h 15 • Visite pour handicapés : 45 53 31 70, poste 41.

DÉTENTE • Jardins du Trocadéro • Restaurant dans le hall du musée de l'Homme, même bâtiment.

Musée Marmottan

2 rue Louis-Bailly, 75016 Paris
Tél. 42 24 07 02

Les Américains traversent l'Atlantique pour admirer les tableaux impressionnistes du musée Marmottan, et nous serions incapables de faire les quelques kilomètres qui nous séparent de lui ? Pas question ! Tous au musée Marmottan !

Dans ce bel hôtel particulier, l'éclairage des tableaux est particulièrement soigné — c'est assez rare pour être souligné —, et vous pourrez donc savourer pleinement la peinture qui vous est offerte, notamment une très importante collection de Monet mais aussi Renoir, Jongkind, Pissarro, Signac, Sisley, Manet, Berthe Morisot... Vous comprenez pourquoi les Américains affluent ici ? Mais vous verrez aussi des meubles — surtout du Ier Empire – et les primitifs flamands (enluminures). Un grand musée !

• Connaissez-vous la bibliothèque Marmottan à Boulogne (ouverte gratuitement aux étudiants et aux chercheurs) ? Elle est consacrée à l'épopée napoléonienne et est décorée de nombreux meubles, estampes, tableaux, sculptures Empire. La charmante dame qui vous introduira a bien connu l'historien d'art et néanmoins collectionneur Paul Marmottan.

Dans un hôtel particulier, du mobilier du Ier Empire et des collections de peinture : les primitifs flamands, les impressionnistes (avec de nombreux tableaux de Monet) • Expositions temporaires (2 par an).

HORAIRES • De 10 h à 18 h, sauf lundi.

ACCÈS • Métro Muette • Bus : PC, 63.

TARIFS • 18 F. 8 F pour les 7-25 ans. Gratuit pour les moins de 7 ans.

DOCUMENTATION • Le guide du musée : 60 F • Librairie.

ANIMATIONS • Sur demande au musée.

DÉTENTE • Le bois de Boulogne est à deux pas.

Centre de la Mer et des Eaux

Institut océanographique, 195 rue Saint-Jacques, 75005 Paris
Tél. 46 33 08 61

Cher commandant Cousteau, bonjour !
C'est toujours un plaisir de revoir vos films,
de vous retrouver arpentant toutes les mers de ce globe
qui oublie trop souvent
la fragilité de son plus riche élément.
Heureusement, vous êtes là
pour tirer les sonnettes d'alarme,
et surtout pour nous faire découvrir le monde fantastique
qui se cache sous tout ce bleu.
Comme on aurait envie de partir avec vous !

Ici, tous a été fait pour rendre l'exposition attrayante aux enfants (avec parfois certains inconvénients, audiovisuels se disputant l'espace sonore, par exemple).

Les petits seront certainement attirés par les aquariums remplis de poissons étonnants. Mieux que Goldorak ! Espérons que la direction du musée aura bientôt la bonne idée de leur prévoir des petits bancs pour qu'ils soient à la bonne hauteur !

Les plus de 8 ans adoreront faire démarrer des audiovisuels, appuyer sur les touches des panneaux lumineux, observer les maquettes de bateaux.

Les plus grands et vous-même repartirez en sachant tout sur le rôle fondamental du plancton... et sur les divers problèmes de la mer.

Pour tous, pensez aux projections des films de Cousteau (compris dans le billet d'entrée) : mercredi, samedi, dimanche et vacances à 15 et 16 h.

• Les groupes scolaires venant le mercredi, nous vous conseillons le week-end pour plus de tranquillité.

Approche de l'océanographie (étude des mers, des océans et des organismes qui y vivent) par thème grâce à des panneaux, des audiovisuels, des maquettes. Des aquariums présentent les plus beaux spécimens de la faune des mers chaudes. Films de l'odyssée sous-marine de l'équipe Cousteau diffusés les mercredi, samedi, dimanche et pendant les vacances scolaires à 15 h et 16 h (50 mn).

HORAIRES • De 10 h à 12 h 30 et de 13 h 15 à 17 h 30, sauf lundi. Sans interruption le week-end.

ACCÈS • Métro : Luxembourg • Bus : 21, 27, 38, 83, 91.

TARIFS • 12 F. 8 F pour les étudiants et les enfants de plus de 4 ans.

DOCUMENTATION • Plan du musée et programme des films : gratuit • Documentation variée que l'on peut consulter ou acheter • Films documentaires • Bibliothèque scientifique ouverte au public : 3e étage.

DÉTENTE • A deux pas du jardin du Luxembourg.

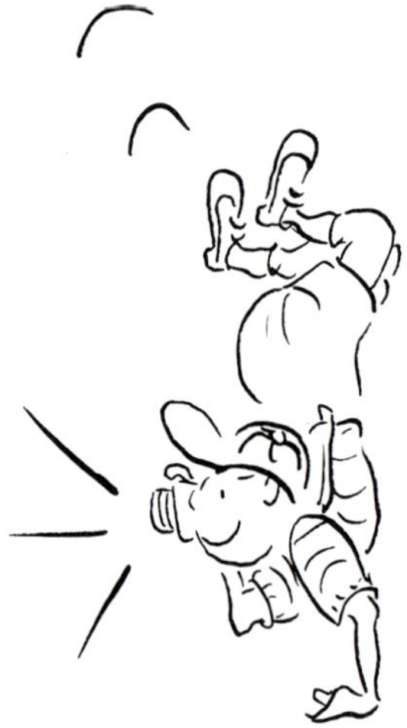

Musée de Minéralogie de l'École Nationale Supérieure des Mines de Paris

60 boulevard Saint-Michel, 75006 Paris
Tél. 42 34 90 00

Vos bambins rentrent de chaque promenade les poches bourrées de cailloux ?
Hé oui ! les pierres les fascinent, il y a de quoi !
Étonnez-les donc en leur montrant
toute la splendeur du monde minéral
dans un musée gratuit, situé, de surcroît,
contre les jardins du Luxembourg.

Le musée est un peu vieillot mais plein de charme, et ses collections comptent parmi les plus belles du monde. Vous y verrez des pierres aux formes et aux couleurs aussi étonnantes que leurs noms sont difficiles à assimiler ! Les deux antichambres ont été consacrées à la mise en valeur des plus beaux spécimens, tandis que l'enfilade des pièces qui donne sur le Luxembourg est, elle, réservée à la collection systématique.

Bien sûr, vous pouvez avoir un mouvement de rejet devant tous ces « cailloux » ; dans ce cas, insistez, détaillez, et vous verrez que vous y prendrez goût !

• Dépêchez-vous de voir ces collections qui risquent de disparaître, du moins en partie. Encore des histoires d'argent, encore des histoires politiques : même les pierres n'y échappent pas !

85 000 échantillons de minerais, répertoriés dans ce musée, 5 000 exposés. C'est la 4e collection au monde pour la qualité de ses pièces, et la 1re pour la collection systématique.
HORAIRES • De 14 h à 17 h les mercredi, jeudi et vendredi. De 10 h à 12 h 30 et de 14 h à 17 h les mardi et samedi.
ACCÈS • Métro-RER : Luxembourg • Bus : 21, 27, 38, 82, 84, 85, 89.
TARIF • Gratuit.
DOCUMENTATION • Une revue : 21 F.
ANIMATIONS • Visite commentée sur demande au conservateur.
DÉTENTE • Le musée donne sur les jardins du Luxembourg.

HÔTEL DE LA MONNAIE

11 quai Conti, 75006 Paris
Tél. 40 46 56 66

Faussaires en puissance, ce musée est pour vous !

Il ouvrira bientôt

L'hôtel de la Monnaie va être complètement réaménagé ! Et, grande nouvelle, il va s'adresser aussi aux enfants : ils pourront suivre des parcours spécialement prévus pour eux, poser des questions à des animateurs et suivre toute l'histoire de nos monnaies... qui leur sera racontée en dessin animé !

L'histoire de nos monnaies, de leur fabrication et de leur usage.

HORAIRES • Ouverture prévue bientôt.

ACCÈS • Métro : Pont-Neuf ou Odéon • Bus : 24, 27.

ANIMATIONS • Visite des ateliers de fabrication de la monnaie les lundi et mercredi à 14 h 15.

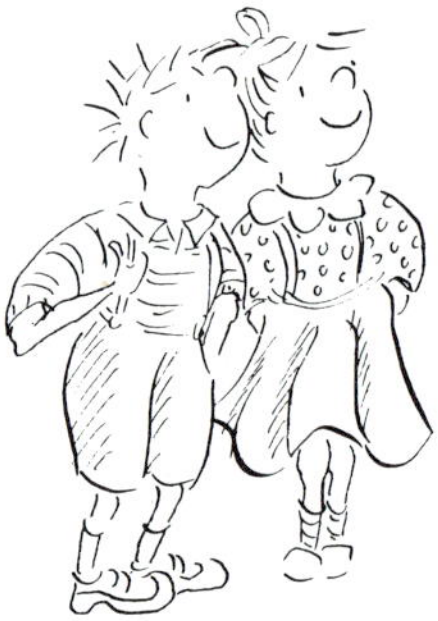

Musée national des Monuments français

Palais de Chaillot, place du Trocadéro, 75016 Paris
Tél. 47 27 35 74

Vos enfants, même les plus jeunes, adoreront regarder toutes ces maquettes de monuments absolument étonnantes. Mieux encore, s'ils participent aux ateliers, ils pourront comprendre des principes architecturaux fondamentaux, en manipulant des morceaux de bois (important, non ?), ou bien ils découvriront la sculpture médiévale en s'attaquant à un bloc de savon...

▲ ●● ■■

Ce musée très particulier par sa taille et parce qu'il ne propose aucune œuvre originale, est un peu déroutant à visiter avec des enfants. C'est pourtant l'un des seuls lieux où l'on peut avoir une vision globale de l'architecture et de la sculpture françaises.

En premier lieu, il faut éviter les peintures murales (1er, 2e et 3e étage), car, même si elles contiennent des chefs-d'œuvre, parfois disparus, il faudrait être guide pour réussir à s'y intéresser (les salles sont d'ailleurs désertes !). Préférez donc les sculptures et maquettes souvent impressionnantes (rez-de-chaussée et 2e étage) et, surtout, profitez des ateliers, très intéressants et gratuits. Autre possibilité : si vos enfants ont plus de 12 ans, réclamez à l'entrée les feuillets de visites-explorations (12-16 ans). Exemple : style roman et style gothique, Voyage à travers 3 siècles de sculptures françaises. Ces parcours-enquêtes sont très riches, ils contiennent beaucoup d'informations ; et, dès 5 ans, des feuillets visites-découvertes sont disponibles (voir plus bas).

• Du 2e étage, une vue superbe sur la tour Eiffel et Paris.

La sculpture, la peinture murale et l'architecture française du Moyen Age à la fin du XIXe siècle • Aucune œuvre originale, mais des moulages pour la sculpture, des copies pour les peintures et des maquettes pour l'architecture • Expositions temporaires • Audiovisuel.

HORAIRES • De 9 h 45 à 12 h 30 et de 14 h à 17 h 15, sauf mardi.

ACCÈS • Métro : Trocadéro • Bus : 22, 30, 32, 63, 72, 82.

TARIFS • 15 F. 8 F pour les 18-25 ans. Gratuit pour les moins de 18 ans.

DOCUMENTATION • Petit guide : 7 F • Bibliothèque sur rendez-vous • Fiches pédagogiques et dossiers pour enseignants.

ANIMATIONS • **Visites-découvertes** et **visites-explorations**. Les mercredi, samedi et dimanche, remise gratuite de documents pour les 5-16 ans. Exemple : A la recherche des oiseaux dans la sculpture médiévale...
• Feuillet-jeu donné pour l'exposition aux plus de 10 ans.
• Visites guidées par un conférencier des musées nationaux : 42 96 58 30.
• Cycles de conférences sur la civilisation et l'art du Moyen Age, organisés par les amis du musée, les mercredi et jeudi : 47 27 35 74.
• **Ateliers** pour les 8-13 ans, à 14 h, les mercredi et samedi. Durée 2 h. Gratuit. Téléphoner pour savoir le thème au 42 60 39 26, poste 38 29. Quatre possibilités avec, chaque fois, confrontation des œuvres du musée et manipulation dans le cadre de l'atelier. — Architecture médiévale, manipulation de maquettes en bois, assemblages architecturaux. — Sculpture médiévale, 2 séances et pratique sur un bloc de savon. — Peintures murales du Moyen Age, initiation à la fresque, 1 séance. — Modelage, 3 séances.

DÉTENTE • Jardins du Trocadéro.

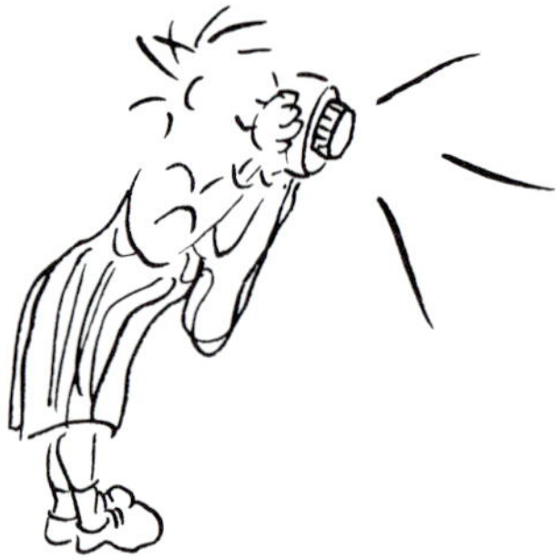

MUSÉE NATIONAL GUSTAVE-MOREAU

14 rue de La Rochefoucauld, 75009 Paris
Tél. 48 74 38 50

Pour que vous puissiez constater l'immense travail qu'un peintre fournit dans sa vie, Gustave Moreau a légué 850 peintures, 350 aquarelles, 7 000 dessins et sa maison à l'État. Allez les découvrir, c'est le plus bel hommage que vous puissiez rendre à ce généreux artiste.

Bien étrange peinture que celle de Gustave Moreau ! Elle ne vous laissera en tout cas pas indifférent et vous serez certainement charmé par l'ambiance baroque que dégage cet hôtel particulier.

Vous vous promènerez à travers l'appartement et surtout l'immense atelier de Moreau, que l'on atteint par un magnifique escalier de la fin du XIXe siècle.

Vous y découvrirez notamment des systèmes de rangement particulièrement ingénieux et superbes, qui permettent de consulter facilement les dessins et les esquisses. Un musée qui vaut vraiment le déplacement.

L'œuvre de Gustave Moreau, peintre symboliste (1826-1898), exposée dans la demeure où il vécut.

HORAIRES • De 10 h à 13 h et de 14 h à 17 h, sauf mardi, jours fériés et mois d'août.

ACCÈS • Métro : Trinité • Bus : 68, 26, 32, 43, 49, 74, 67.

TARIFS • 15 F. 1/2 tarif pour les 18-25 ans. Gratuit pour les moins de 18 ans. 8 F le dimanche.

DOCUMENTATION • Petit guide : 7 F. Un très bon guide-catalogue pour 26 F.

ANIMATIONS • Conférences par un conférencier des musées nationaux. Renseignements : 42 96 58 30.

MUSÉUM NATIONAL D'HISTOIRE NATURELLE

Jardin des Plantes
57 rue Cuvier, 75231 Paris Cedex 05
Tél. 43 36 54 26

Le « Muséum », voici un nom qui fleure bon la naphtaline, le vieil ethnologue et le squelette de dinosaure ! Ce n'est pas tout à fait faux et c'est ce qui fait en partie son charme. Reconnaissons aussi que de somptueuses expositions temporaires ont lieu dans ce musée. Bref un endroit à découvrir absolument : il y en aura pour tous les goûts.

Tout le budget du Muséum est certainement investi dans les expositions temporaires qui sont souvent somptueuses et qui n'oublient pas les enfants : animations, ateliers... Pensez-y donc !

Dans l'ensemble, sans doute par manque de moyens, les galeries ne font aucun effort pour accueillir un jeune public : pas d'information, pas de guide, pas de visite-découverte, pas de panneaux expli-

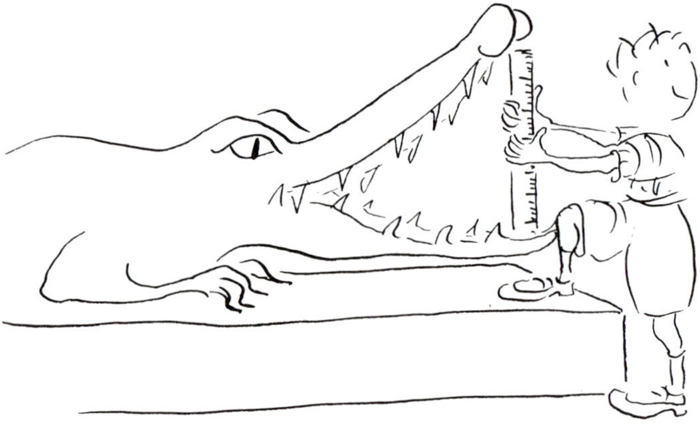

catifs, et une atmosphère poussiéreuse.

Examinons maintenant les galeries une par une (se reporter à l'encadré) :

Galerie de paléontologie et anatomie comparée : elle est, telle quelle, un régal pour les enfants et les parents. Imaginez-vous dans la coque d'un immense paquebot baroque où la poussière des dinosaures ne fait qu'ajouter à leur charme ! Ambiance garantie, les enfants seront ravis devant tous ces squelettes impressionnants (animaux préhistoriques mais aussi tous les autres, de la tortue à la baleine !)

Galerie de paléobotanique et botanique : vous y verrez une intéressante exposition sur les champignons en octobre, sinon le reste est vraiment vieillot.

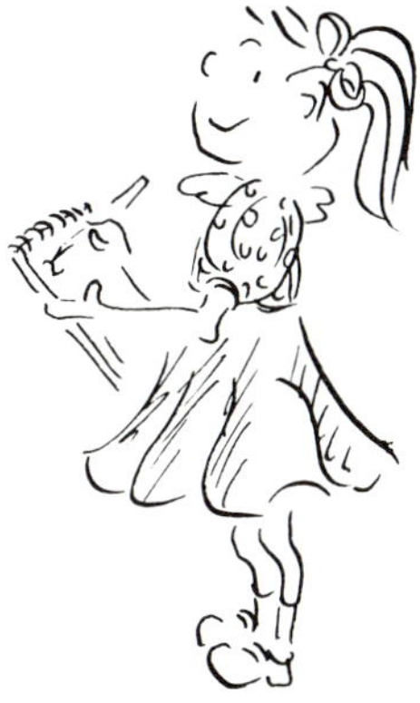

Galerie de minéralogie : un peu triste, la collection n'a pas le charme de celle de l'École des mines, mais la mise en place des cristaux géants acquis par le Muséum modifiera certainement son allure.

Galerie de zoologie : en travaux, sa réouverture est prévue pour 1989. Cette galerie d'animaux naturalisés s'annonce fantastique.

Galerie d'entomologie : des insectes notamment, des papillons, tous très beaux et joliment disposés dans leurs cadres, mais l'ensemble est un peu léger, restreint (surtout quand on sait que le Muséum a l'une des plus belles collections du monde !), et à part les noms et le pays d'origine des insectes, aucune information.

• Pour les amoureux des oiseaux de Paris, tous les mercredis à 9 h, découverte des oiseaux rares et communs du jardin des Plantes (se munir de jumelles). Rendez-vous devant le tronc de séquoia (près de l'animation pédagogique), entrée rue Cuvier.

Les sciences naturelles • Galerie de paléontologie et anatomie comparée (fossiles, squelettes d'animaux préhistoriques ou non) • Galerie de paléobotanique et botanique (une exposition en octobre sur les champignons, les végétaux fossiles) • Galerie de minéralogie (minéraux, météorites, pierres précieuses) • Galerie de zoologie (animaux naturalisés). Réouverture en 1989 • Galerie d'entomologie (insectes) : 43, rue Buffon • Galeries d'expositions temporaires • Un jardin botanique et des serres tropicales • La ménagerie, reptilarium et vivarium.

HORAIRES et TARIFS • Fermeture le mardi et les jours fériés • **Galerie de paléontologie et anatomie comparée** : de 10 h 30 à 17 h 30. 16 F. Tarif réduit : 10 F • **Galerie de paléobotanique et botanique** : de 13 h 30 à 17 h. Le dimanche de 10 h 30 à 17 h. Peut être fermé par manque de personnel. 11 F. Tarif réduit : 6 F • **Galerie de minéralogie** : de 13 h 30 à 17 h. 11 F • **Galerie de zoologie** : fermée pour l'instant • **Galerie d'entomologie** : de 14 h à 17 h. 11 F. Tarif réduit : 6 F.
• Expositions temporaires de 10 h à 16 h 30.
• Jardin : de 9 h à 18 h tous les jours.
• Ménagerie : de 9 h à 17 h. 11 F. 1/2 tarif pour les 4-16 ans.
• Serres : de 13 h à 17 h. 10 F. Tarif réduit : 6 F.
• Jardin alpin : de 10 h à 11 h 30 et de 12 h 30 à 17 h 30 d'avril à septembre. 10 F.

ACCÈS • Métro : Monge, Censier-Daubenton, Jussieu, Austerlitz • SNCF, RER : ligne C, gare d'Austerlitz • Bus : 24, 63, 89, 67, 91, 57, 61, 65 • Il y a des accès de tous les côtés du jardin des Plantes.

DOCUMENTATION • Il n'existe hélas pas grand-chose sur les collections du musée, mais vous pouvez trouver : un guide-promenade du jardin des Plantes (surtout sur le jardin et les arbres) et un guide des arbres historiques du jardin des Plantes, 20 F, en vente dans les galeries ou au service d'animation pédagogique (près de l'entrée de la rue Cuvier). Dans ce service, on vous donnera une documentation qu'il serait utile d'avoir dans les différentes galeries : plan, petit descriptif des galeries. Il manque quand même un vrai guide de ce grand ensemble qu'est le Muséum. Il serait en projet ? • Une des plus riches bibliothèques du monde dans les domaines des sciences de la nature, au 2e étage (entrée Geoffroy-Saint-Hilaire), accueil des visiteurs. Renseignements : 43 31 71 24.

ANIMATIONS • **Conférences** pour jeunes faites par la CNMHS, renseignements : 42 74 22 22, et par le service pédagogique du musée, renseignements : 43 36 54 25 de 9 h à 13 h • Pour une visite guidée de la ménagerie, renseignements : 43 36 19 09 • Pour une visite guidée d'entomologie, renseignements : 43 36 04 06 • Pour les 5-10 ans, **animation** gratuite le mercredi de 15 h à 16 h : Histoires de bêtes, histoires de plantes, 57 rue Cuvier, amphi Rouelle.

DÉTENTE • Le jardin des Plantes (guide, voir plus haut) • Un petit restaurant dans la ménagerie.

Musée de la Musique mécanique

3 impasse Berthaud, 75003 Paris
Tél. 42 71 99 54

C'est dans une adorable petite maison au fond d'une impasse que se cachent de mystérieux instruments... Chut ! Écoutez-les revivre !

Sous l'œil impressionné des enfants et des adultes, l'animateur donne son premier coup de manivelle magique ! Et alors, comme par enchantement, un orchestre de jazz composé d'automates grandeur nature va se mettre à jouer un air endiablé. Regardez bien l'un des musiciens... Non, non, vous ne rêvez pas ! Il vous fait bien un clin d'œil ! Plus loin cela va être le piano qui vous interprétera, tout seul, un petit air de musique.

Des dizaines d'instruments vont ainsi se mettre en marche pour votre plus grand plaisir et... celui de vos enfants, qui resteront médusés.

Instruments de musique mécanique et automates.

HORAIRES • De 14 h à 19 h uniquement les samedi, dimanche et fêtes.

ACCÈS • Métro Rambuteau (sortie côté n^{os} pairs) • Bus : 38.

TARIFS • 25 F. 15 F pour les moins de 12 ans.

DOCUMENTATION • Dépliant gratuit.

ANIMATIONS • La visite guidée est obligatoire et dure 1 h environ.

MUSÉE D'ORSAY

1 rue de Bellechasse, 75007 Paris
Tél. 40 49 48 14

Voulez-vous marcher au-dessus du quartier de l'Opéra, contempler le Paris du début du siècle, vous sentir l'âme d'un impressionniste, participer à la naissance de la photographie ou voir les débuts du cinéma ? Oui ? Alors, prenez vite un billet à la gare d'Orsay. Destination ? Le XIXᵉ siècle.

Un musée dans une gare… Quel programme ! D'autant plus que le voyage que vous allez entreprendre est extraordinaire : il va vous permettre de remonter le temps. Bien sûr vous ne serez pas les seuls à vouloir vivre cette fabuleuse aventure et, à moins de posséder la « carte blanche », qui est le laissez-passer rêvé de ce musée (voir p. 87), vous devrez affronter une longue file d'attente. Un petit conseil pour prendre votre mal en patience : emmenez des illustrés pour vos enfants et… lisez notre guide.

Avant de commencer votre visite, n'oubliez pas de vous rendre aux bureaux d'accueil. C'est là que vous trouverez toutes les informations concernant Orsay et que vous pourrez inscrire vos enfants à l'une des nombreuses activités qui leur sont proposées.

Si la visite-exploration (mercredi et samedi à 14 h) ne leur dit rien et si les ateliers (pourtant fantastiques) ne les inspirent pas, ne vous inquiétez pas, car vous allez leur faire vivre, avec vous, un plongeon dans le passé. Proposez-leur d'abord une petite promenade vers l'Opéra : là ils pourront admirer la maquette géante du Palais Garnier et marcher tranquillement (grâce à une plaque de verre posée sur le sol) au-dessus de ce quartier fraîchement rénové ! Les sculptures gigantesques du rez-de-chaussée ne manqueront pas de les séduire et, après un petit tour dans les galeries de peintures classiques où Corot règne en maître, allez vite leur faire découvrir les œuvres de ces « fous » d'impressionnistes. Et maintenant à eux de choisir selon leurs goûts.

Que préfèrent-ils ? Aller « au » concert écouter la musique de Fauré ou Debussy, ou bien au cinéma voir revivre sous leurs yeux cette Belle Époque, ou bien encore se promener ici et là parmi les objets d'art, le mobilier, les projets d'architecture ? En tout cas une chose est sûre : il faut absolument que vous finissiez votre journée en allant siroter un jus d'orange au Café des hauteurs. Vous n'y rencontrerez peut-être pas Proust, mais la vue sur la Seine est magnifique.

L'art de 1848 à 1914. Peinture, sculpture, architecture, mobilier, musique, photos, cinéma. Vous trouverez • Au sous-sol : l'auditorium, le cinéma • Au rez-de-chaussée : dans le hall, les bureaux d'accueil et la billetterie, les expositions temporaires, la peinture de 1850 à 1870, la sculpture de 1850 à 1870, les arts déco de 1850 à 1880, l'architecture avec la salle de l'Opéra, la librairie • Sur les mezzanines : les sculptures de Rodin, Maillol, Bourdelle • Au niveau médian : architecture et urbanisme, peinture : le matérialisme et le symbolisme, la nouvelle peinture (par exemple : Klimt), l'art nouveau (par exemple : Gallé), le restaurant • Au niveau supérieur : les impressionnistes, la salle d'audiovisuel, le Café des hauteurs.

HORAIRES • De 10 h 30 à 18 h, sauf lundi. Le jeudi de 10 h 30 à 21 h 45. Le dimanche de 9 h à 18 h.

ACCÈS • Métro : Solférino • Bus : 24, 63, 68, 69, 83, 84, 94 • RER : ligne C.

TARIFS • 21 F. 11 F pour les 18-25 ans. Gratuit pour les moins de 18 ans. Le dimanche : 11 F. **Abonnement pour un an** : 250 F. 150 F pour les 18-25 ans : c'est la « carte blanche », elle vous donnera droit à l'entrée gratuite du musée, à des réductions sur certaines activités, à l'envoi chez vous du journal *Les Nouvelles du musée d'Orsay*. Vous pouvez vous abonner soit au bureau d'accueil soit en téléphonant au 45 49 48 14, poste 43 89.

DOCUMENTATION • Dépliant gratuit avec plan du musée distribué à l'entrée • Programme des manifestations et des activités à retirer gratuitement aux bureaux d'accueil • Librairie au rez-de-chaussée.

ANIMATIONS • **Visites guidées** — **Pour les jeunes** à 14 h le mercredi et le samedi, deux sortes de visites gratuites de 1 h 30 : la visite exploration, qui s'adresse aux plus de 8 ans et se fait accompagné d'un animateur avec un questionnaire d'enquête ; la visite-conférence qui, elle, s'adresse aux plus de 13 ans car c'est une visite thématique. L'inscription à ces visites se fait par ordre d'arrivée au bureau d'accueil de l'espace jeunes. 15 à 20 personnes au maximum (il est donc recommandé d'arriver en avance). Attention : les sujets et les tranches d'âges changent souvent. Renseignements : 45 49 48 14, poste 43 87 ou 43 91 • **Pour tous** à 12 h 30 tous les jours sauf dimanche, présentation d'une œuvre. Visite gratuite • A 11 h et 11 h 30 tous les jours et à 19 h le jeudi, visite générale du musée : 20 F. Rendez-vous au comptoir d'accueil des groupes 15 mn avant le départ • **Pour les groupes** : renseignements au 45 49 49 49.
• Les **conférences** sont nombreuses : consultez *Les Nouvelles du musée d'Orsay*. A noter : celles du samedi matin sur les expositions temporaires, qui ont lieu entre 10 h 30 et 12 h qui sont données par des spécialistes français et inter-

nationaux : vous pourrez laisser vos enfants de 6 à 12 ans à l'espace jeunes. Accueil et animations y sont prévus !
• Les **ateliers** concernent les 5-15 ans et ont lieu le mercredi et le samedi à 14 h. Attention, ils durent 2 h et se déroulent par cycles de 3 séances. Ils sont gratuits mais il faut réserver, soit en s'inscrivant au bureau d'accueil, soit en téléphonant au 45 49 48 14, poste 43 27 ou 43 91. Renseignez-vous aussi sur les thèmes et les tranches d'âges, car ici aussi ils changent souvent. En voici quelques exemples : — A partir de 5 ans, l'atelier « A la découverte d'une sculpture » leur permettra, à partir d'une œuvre, de réaliser eux-mêmes un projet sur de la terre, du plâtre, ou du savon. — Pour les moyens : « Le tableau vivant » leur fera choisir une œuvre dans le musée pour la mettre en scène ensuite ; chacun choisira son rôle (acteur, décorateur, réalisateur...). — Pour les plus grands, « L'atelier gravure » leur permettra de comprendre l'importance de la lithographie.

DÉTENTE • **Cinéma** : à 12 h 15 le mardi, 19 h 30 le jeudi, 15 h le dimanche vous pourrez voir soit des films d'époque, soit des films s'y rapportant. 18 F • **Audiovisuel** accessible à tous au niveau supérieur ; vous pourrez y consulter gratuitement une centaine de cassettes • **Concert** gratuit le mardi à 12 h 30 et le jeudi à 18 h 30, payant le jeudi à 20 h 30. Renseignements : 45 49 48 14, poste 43 89. Vous pourrez y entendre la musique des musiciens du XIXe siècle • **Restaurant** : il se situe au 1er étage, le menu est environ de 80 F. Animation musicale le dimanche à 15 h 45 • Le **Café des hauteurs** : au dernier étage, avec vue superbe sur Paris.

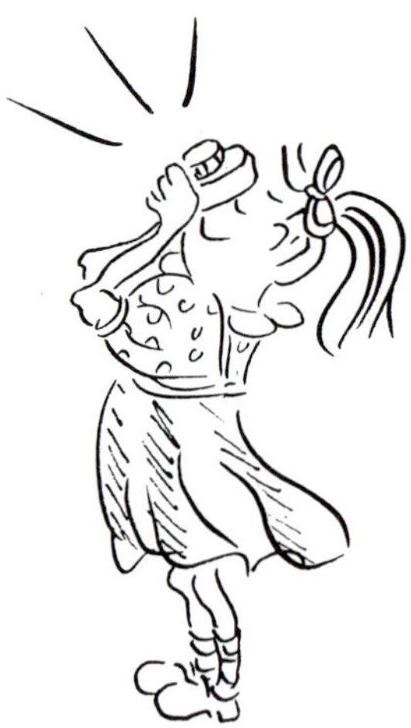

Musée Pasteur

Institut Pasteur, 25 rue du Docteur-Roux, 75015 Paris, Porte B, 2e étage
Tél. 45 68 80 00

Le saviez-vous ? Pasteur n'était pas médecin et n'avait pas le droit de vacciner lui-même les malades. La pasteurisation ? mais c'est lui, bien sûr ! Il découvrit l'un des principes de la vaccination en oubliant par inadvertance une culture de microbes... Incroyable !

Après avoir découvert le vaccin antirabique, Pasteur monte, grâce à une souscription publique, son institut et s'y installe. Vous découvrirez son bureau, sa chambre et celle de sa femme, ses souvenirs et ses cadeaux, sa peinture (depuis sa plus tendre enfance, il a aimé peindre) et la chapelle funéraire où il est enterré, qui est magnifique. Une visite émouvante sur la vie intime de Pasteur.

En revanche, vous n'apprendrez rien ou presque de ses travaux et de ses découvertes, et si vous voulez vraiment en savoir davantage, il vous faudra aller au musée des Applications et de la recherche (voir p. 143).

La maison où vécut Pasteur.

HORAIRES • De 14 h à 17 h 30, sauf samedi et dimanche.

ACCÈS • Métro : Pasteur, Volontaire • Bus : 48, 49, 70, 89.

TARIFS • 10 F. 1/2 tarif : 5 F pour enfants et étudiants.

DOCUMENTATION • Le livre sur le musée : 20 F • Des livres pour « jeunes » sur la vie de Pasteur • L'histoire des vaccins racontée aux enfants : éditions Institut Pasteur : 35 F.

ANIMATIONS • Visites guidées obligatoires : 30 mn • Visites-conférences sur rendez-vous au 45 68 82 73. Elles sont couplées avec les visites guidées. Vous pourrez voir un film soit sur la jeunesse de Pasteur, soit sur ses travaux, soit sur les disciplines implantées à l'institut. 15 F. Tarif réduit : 8 F.

Musée du Petit Palais

Palais des beaux-arts de la Ville de Paris, Av. Winston-Churchill, 75008 Paris
Tél. 42 65 12 73

«Aujourd'hui, je vous emmène dans un palais.»
Les yeux des enfants se mettent à briller.
«En plus, vous allez participer à une chasse aux monstres!»
Imaginez alors leur tête, leur excitation.
Avouez que ce n'est quand même pas compliqué de motiver des enfants pour aller dans des musées comme le Petit Palais!

▲▲ ●●● ■

Si les collections et les très beaux tableaux qui meublent ce bel espace sont très divers, les salles restent somme toute très homogènes.

Il manque cependant des panneaux explicatifs sur les peintres, les époques. N'hésitez donc pas à avoir recours aux conférenciers et aux animateurs.

Pour les petits à partir de 6 ans et les moyens, il y a des animations variées aux thèmes séduisants : jouons à l'archéologue (7-12 ans), la chasse aux monstres (6-8 ans), jeu de piste autour du Petit Palais (6-12 ans), jouons au conservateur de musée et réalisons un catalogue (8-12 ans), des contes imaginés à partir d'objets ou de tableaux du musée... Téléphonez pour connaître le thème du mercredi choisi ou pour avoir le programme pour l'année. Rendez-vous dans le hall à 14 h 15.

Les très belles expositions montées au Petit Palais intéresseront sûrement les adolescents.

Dans ce Petit Palais, caractéristique de l'architecture de la fin du XIXe siècle, sont présentés les principaux courants artistiques de l'Antiquité jusqu'au début du XXe siècle • Expositions temporaires.
HORAIRES • De 10 h à 17 h 40, sauf lundi.
ACCÈS • Métro : Champs-Élysées-Clemenceau • Bus : 28, 49, 72, 73, 83.
TARIFS • Collection permanente : 12 F. 6 F pour les enfants de plus de 7 ans et les étudiants • Expositions temporaires : 20 F. 10 F pour les enfants de plus de 7 ans et les étudiants.
DOCUMENTATION • Un catalogue : 100 F! Un **jeu de piste** pour les enfants à partir de 10 ans.
ANIMATIONS • Pour les 6-12 ans : **les mercredis du Petit Palais** à 14 h 30 : visites, contes... Téléphoner au musée. 20 F la séance • Visite guidée des collections permanentes pour adultes le mardi à 14 h 30 • Conférences pour groupes : téléphoner au musée à Mme Bensalem • Nombreuses animations pour les groupes scolaires.
DÉTENTE • Les jardins des Champs-Élysées.

Musée Picasso

Hôtel Salé, 5 rue de Thorigny, 75003 Paris
Tél. 42 71 25 21

Mon Dieu ! Monsieur Picasso, quelle imagination ! Vous n'hésitez pas une seconde à assembler ou à coller tout ce qui vous passe par la main ! De quoi remonter le moral à plus d'un enfant qui pensait que le monde des adultes était inexorablement ennuyeux...

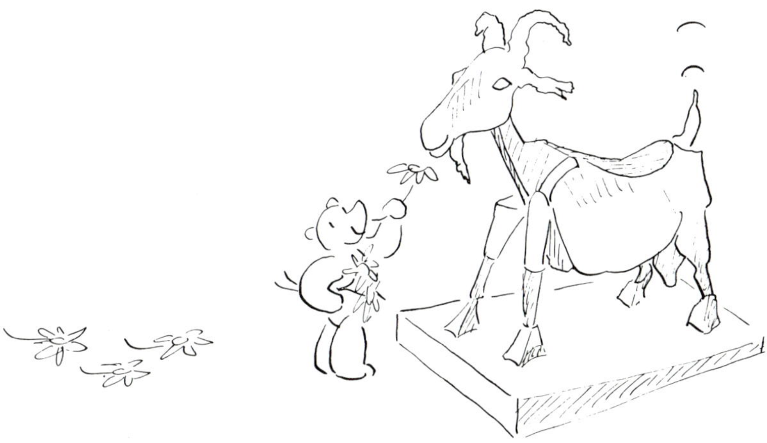

Que de surprises et d'étonnement dans ce magnifique musée entièrement restauré ! Et si d'ordinaire nous hésitons à vous conseiller pour les petits et les moyens les musées de peinture, ici, au contraire, nous vous supplions de vous y rendre !

Quelle aventure pour eux de se promener dans cette magnifique mise en scène, où chaque tableau, chaque sculpture est mise en valeur, et où l'humour de Picasso est partout présent : dans ses collages, ses personnages, ses visages en mouvement.

Alors, à vos postes, détectives amoureux d'énigmes, prenez vite votre feuillet visite-découverte à l'entrée et en route pour un formidable jeu de piste à travers les couloirs remplis de mystères. Où sont les jambes ? Où est la tête ? A vous de répondre devant cette drôle de nageuse et devant bien d'autres tableaux encore ! Ouf ! Prenez un peu de repos dans une sorte de petite salle de théâtre, où vous allez contempler en silence des femmes à leur toilette (chers parents, ne vous inquiétez pas, ce n'est qu'un tableau !), et promenez-vous ensuite dans le merveilleux jardin de sculptures : vous y verrez une chèvre en paniers d'osier, boîtes de conserve et feuilles de palmier assemblés, ou encore une guenon... à tête de voiture !

La librairie vous attend à la sortie. Laissez donc vos enfants acheter les reproductions en cartes postales des œuvres qu'ils ont le plus aimées !

• A l'entrée de chaque salle, des panneaux sont accrochés au mur. Ils vous expliqueront la vie de Picasso, sa démarche, sa peinture.

L'œuvre de Picasso (1881-1973). Peintures, sculptures, céramiques, dessins et estampes.

HORAIRES • De 9 h 45 à 17 h 15, sauf mardi • Le mercredi nocturne jusqu'à 22 h • Du 16 juin au 30 septembre, fermeture à 18 h 15.

ACCÈS • Métro : Saint-Paul, Filles-du-Calvaire • Bus : 29, 96.

TARIFS • 20 F. 10 F pour les étudiants. Gratuit pour les moins de 18 ans. 1/2 tarif le dimanche.

DOCUMENTATION • *Le Petit Guide des grands musées* et *Le Petit Journal des jeunes* pour 7 F chacun.

ANIMATIONS • **Feuillets visites-découvertes** pour les 7-12 ans et **visites-explorations** pour les 12-16 ans. Ce sont des jeux de piste pour mieux comprendre l'œuvre du peintre. A retirer au bureau d'information • Visites guidées uniquement pour les groupes d'enfants. Prendre rendez-vous au 42 71 25 21, poste 310.

DÉTENTE • Cinéma : tous les matins, sauf le week-end, sont programmés des films pour enfants. Durée : 20 mn. L'après-midi jusqu'à 16 h 30, les samedi et dimanche en alternance : long métrage sur Picasso et montage visuel sonore sur les œuvres du musée • Cafétéria : rez-de-chaussée.

Centre national Georges-Pompidou

Plateau Beaubourg, 75191 Paris Cedex 04
Tél. 42 77 12 33

Savez-vous que le centre Pompidou est l'endroit le plus visité au monde (enfin, juste après Disneyland), que le visiteur type est parisien, de sexe masculin et âgé de 29 ans (faites vite baisser la moyenne en y amenant vos enfants), qu'à chaque couleur de tuyaux correspond une fonction : bleu pour l'air, jaune pour l'électricité, vert pour l'eau, rouge pour le feu, et que vous allez y passer une merveilleuse journée ?

Surtout ne passez pas trop de temps à contempler cracheurs de feu et clowns de la piazza, vous risqueriez d'arriver en retard à l'atelier des enfants, et ce serait dommage car des aventures fantastiques les y attendent : sculpture, informatique, ville de l'an 2000. Ils ne se lasseront pas, et vous non plus car, pendant ce temps-là, vous visiterez avec vos aînés les fabuleuses expositions du 5e étage : Paris-Berlin, Paris-Vienne, le Japon — elles sont passionnantes ! N'oubliez pas tout de même d'aller rechercher vos plus jeunes à la fin de l'atelier, et s'il n'est pas encore 15 h 30, foncez vite avec eux au musée d'Art moderne pour leur faire assister à la visite guidée. Mais que faire s'il est trop tard ? Foncez-y tout de même, car même si vous n'êtes pas un animateur hors pair, cet espace les séduira. Chaque œuvre est mise en valeur : sculpture de néon, compression de César, collage... Mon Dieu ! déjà 17 h, l'heure du thé ! Ne montez pas à la cafétéria du 5e étage, elle est trop triste (sauf l'été lorsque la terrasse est ouverte). Reprenez les escaliers mécaniques tout en verre qui surplombent la piazza et allez prendre un thé rue Saint-Merri devant la plus belle fontaine du monde...

N'ayez crainte, nous n'avons pas oublié de vous parler des autres activités du centre, mais franchement vous ne pouvez pas tout faire en un jour ! Il faudra que vous reveniez pour lire tous les journaux du monde dans la salle d'actualité, ou pour apprendre le japonais à la médiathèque, ou encore le droit à la bibliothèque ! Et vos enfants, pendant ce temps-là, passeront un après-midi fantastique dans leur bibliothèque à regarder des films, écouter des contes... ou tout simplement à lire !

Allez donc aussi visiter les expositions du CCI et celles du forum qui réservent toujours de bonnes surprises !

• N'oubliez pas l'atelier du sculpteur Brancusi, sur la piazza.

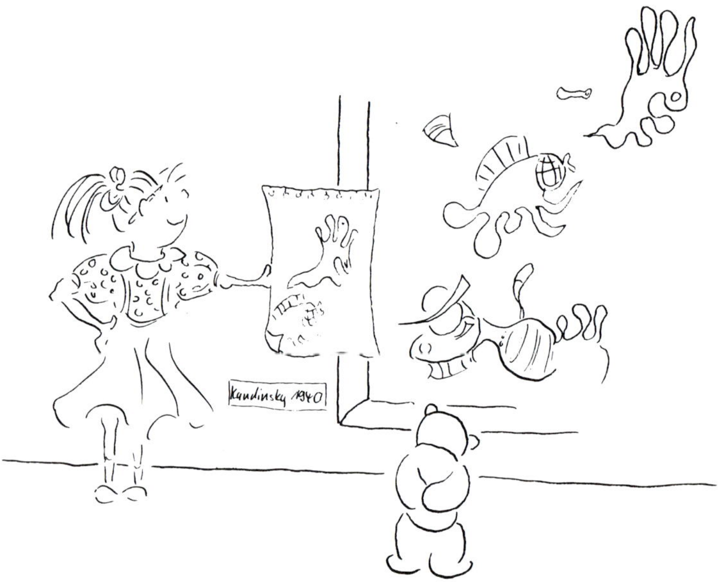

L'art contemporain, de Matisse à nos jours.
Vous trouverez • Au 2e sous-sol : l'accès du parking • Au 1er sous-sol : le forum ; expositions, spectacles • Au rez-de-chaussée : l'atelier des enfants, le cinéma, la salle d'actualité • Sur la piazza : la bibliothèque des enfants, l'atelier Brancusi • Sur la mezzanine : les galeries du musée d'Art moderne (expositions), le Centre de création industrielle (CCI) et ses expositions • Au 2e étage : la bibliothèque • Aux 3e et 4e étages : le musée d'Art moderne (entrée par le 4e étage) • Au 5e étage : les grandes expositions du centre, le restaurant, la cafétéria • Au 31 rue Saint-Merri : l'Institut de recherche et coordination acoustique-musique (IRCAM).

HORAIRES • De 12 h à 22 h, sauf mardi. De 10 h à 22 h les samedi et dimanche.

ACCÈS • Métro : Châtelet, Rambuteau, Hôtel-de-Ville • Bus : 38, 47, 75 • Parking : entrée directe au centre par le 2e sous-sol, accès tunnel des Halles.

TARIFS • Plusieurs solutions :
• Prendre un billet pour chaque département du centre. — Musée d'Art moderne : 21 F. 1/2 tarif pour les 18-25 ans. Gratuit pour les moins de 18 ans. — Les grandes expositions : 25 F. 1/2 tarif pour les 18-25 ans. Gratuit pour les moins de 18 ans. — Les galeries contemporaines : 12 F. — Les expositions du forum : 10 F • A noter : les galeries du CCI sont gratuites, le musée d'Art moderne est gratuit le dimanche, les grandes expositions sont gratuites après 21 h.
• Prendre un forfait pour toute la journée : 40 F. 35 F pour les 18-25 ans. Gratuit pour les moins de 18 ans. Ce forfait donne accès au musée d'Art moderne et aux grandes expositions.
• Le **laissez-passer 1 an** : il vous donnera droit pendant 1 an à l'accès gratuit de tout le centre, à diverses réductions, invitations, animations, à la réception chez vous du journal du centre avec le programme du mois : 150 F. 125 F pour les 18-25 ans. Gratuit pour les moins de 18 ans • L'adhésion famille (couple + enfants) : 300 F. L'inscription se fait soit par correspondance, soit au bureau spécialisé situé dans le centre, au rez-de-chaussée.

DOCUMENTATION • Au service d'accueil (rez-de-chaussée), le plan et les programmes du centre + le plan du musée d'Art moderne • Au 5e étage, *Le Petit Journal des jeunes* sur les grandes expositions + livres sur le thème de l'exposition • Librairie au rez-de-chaussée, beaucoup de livres sur l'art, le cinéma, la photo • A noter pour les enfants *Le Guide du centre Pompidou*, un petit bleu de chez Hachette, 59 F • La **bibliothèque des enfants** interdite aux parents, pour les 6-12 ans, ouverte de 13 h à 19 h. Entrée gratuite. Elle est située sur la piazza. Ils y trouveront non seulement des livres, mais aussi des disques et des films. Elle organise plein d'animations : contes, initiation à la musique, cinéma. 42 77 12 33, poste 45 85 • La bibliothèque du 2e étage. Entrée gratuite. Vous y trouverez tout : des bandes dessinées au cours de droit. Vous pourrez même apprendre la langue de votre choix gratuitement. Pour éviter la queue, venez plutôt le vendredi après-midi ou le samedi et le dimanche matin.

ANIMATIONS • **Visites guidées** • Pour les enfants à 15 h, le mercredi, au musée d'art moderne. Gratuit • Pour tous à 15 h 30 tous les jours, visite générale du centre : 22 F. Billet à prendre à l'accueil • Pour les adultes, des visites gratuites sont organisées dans le cadre des grandes expositions. Renseignez-vous à l'accueil au 5e étage • L'**atelier des enfants** a lieu le mercredi et le samedi, et il est gratuit. Pas de réservation préalable mais il faut arriver assez tôt pour avoir des places. Les thèmes et les horaires changent souvent... 42 77 12 33 poste 49 17.

DÉTENTE • Cinéma : salle Garance, rez-de-chaussée : films sur les thèmes des grandes expositions : 16 F. 12 F pour les enfants • L'écran des enfants, un mercredi sur deux à 14 h 30. Gratuit mais suspendu temporairement. 42 77 12 33, poste 44 22.

Musée de la Poste

34 boulevard de Vaugirard, 75015 Paris
Tél. 43 20 15 30

Musée passionnant. Stop. Très grand. Stop. Emmener toute la famille. Stop. Peut se faire un jour de pluie. Stop. Acheter le guide. Stop. A-musée-z-vous bien. Stop. A bientôt. Stop.

▲▲ ●●● ■■■

Vous partirez du 5e étage pour finir au rez-de-chaussée en traversant 15 grandes salles. Tout est fait pour rendre cette visite attrayante et un bon guide vous fournira (en plus des multiples panneaux et des commentaires diffusés dans les salles) toutes les informations que vous souhaitez. Pour les plus jeunes, ne ratez pas — salle 2 — la mezzanine où ils verront des petits personnages retracer le périple d'un messager au Moyen Age. Ils adoreront aussi les maquettes d'avions, de trains, de bateaux, les nombreux mannequins et les sièges d'avion d'où ils commanderont — grâce au bouton placé dans l'accoudoir — un spectacle audiovisuel. Évitez seulement, peut-être, les salles de timbres-poste !

A l'accueil, les enfants un peu plus grands auront accès à plusieurs minitels. Nettement plus économique qu'à la maison ! Une hôtesse est même là pour les aider. Ensuite, ils admireront — entre autres choses — l'étonnante collection de boîtes aux lettres de tous les pays, verront une machine de tri postal, apprendront les moyens ingénieux inventés en temps de guerre pour acheminer le courrier, découvriront des appareils anciens destinés à purifier les lettres lors des épidémies...

Des musées comme ça, on en redemande !

Histoire et vie de la poste avec, tout au long des 15 salles, la poste au Moyen Age, les routes et relais du XVIe au XIXe siècle, la poste routière, ferroviaire et maritime, la poste aérienne, la poste en temps de guerre, les facteurs, les bureaux de poste, le télégraphe, le téléphone, le pneumatique, le timbre, les postes étrangères... • Film, audiovisuel • Expositions temporaires dans la galerie du messager (entrée gratuite).
HORAIRES • De 10 h à 17 h, sauf dimanche et jours fériés.
ACCÈS • Métro : Montparnasse-Bienvenüe • Bus : 28, 48, 58, 82, 91, 92, 95, 96.
TARIFS • 8,80 F. 4,40 F pour les 18-25 ans. Gratuit pour les moins de 18 ans.
DOCUMENTATION • Un excellent guide pour 9 F • Audiovisuel • Film à l'accueil • Bibliothèque au 6e étage • Guichet de vente au rez-de-chaussée : livres, documents philatéliques, affiches...

MUSÉE DE RADIO-FRANCE

Maison de Radio-France
116 avenue du Président-Kennedy, 75016 Paris
Tél. 42 30 21 80

Une bonne occasion de pénétrer dans l'immense fourmilière qu'est la Maison de la radio ! Et on ne sait jamais, cette visite suscitera peut-être chez vous une vocation. Future star des ondes, bonjour !

Reportez-vous 50 ans en arrière et vous constaterez à quel point les progrès réalisés par la radio et la télévision sont fabuleux. Vous verrez les premiers postes, la reconstitution d'un studio d'enregistrement de 1923, de 1935, le laboratoire de Branly... La visite est guidée, n'hésitez donc pas à poser des questions. Les fenêtres intérieures du musée donnent sur des studios d'enregistrement en plein travail, ce qui ne manquera pas de fasciner les adolescents. Vous pouvez téléphoner avant de venir pour demander à assister à des enregistrements publics d'émissions à la suite de la visite. On vous renseignera très aimablement.

• Photographies interdites.

Ce musée retrace l'histoire de la radio et de la télévision • Suivant les possibilités, visite d'un studio d'enregistrement et d'une salle de spectacle.

HORAIRES • Actuellement, visites commentées de 1 h pour groupe de 30 personnes au maximum tous les jours, sauf samedi, dimanche et jours fériés, de 10 h à 12 h et de 14 h à 17 h. Réservation par écrit un mois avant au service accueil et animation (pièce 2243). Téléphoner au préalable. Possibilité de s'intégrer à un groupe.

ACCÈS • Métro : Ranelagh, Passy, Mirabeau • Bus : 70, 72, 52, 22 • Parking en face de la Maison de la radio.

TARIFS • 7,50 F. Tarif réduit pour scolaires, étudiants, 3e âge : 3,50 F.

DOCUMENTATION • Brochure : 5 F.

ANIMATIONS • Visite guidée obligatoire.

Musée Renan-Scheffer

16 rue Chaptal, 75009 Paris
Tél. 48 74 95 38

Lorsque vous emprunterez l'allée bordée d'arbres qui mène à la jolie maison, pleine de charme, d'Ary Scheffer, dites-vous que des pas illustres vous ont précédé...

Tous les vendredis soir, chez Ary Scheffer, se réunissaient Ingres, Delacroix, Tourgueniev, Liszt, Lamartine, Chopin et, surtout, George Sand, dont vous pourrez voir les souvenirs au rez-de-chaussée de cette maison.

A vrai dire, les collections proposées, bien que sympathiques, ne sont pas très denses, car une grande partie des trésors de Scheffer et Renan ne sont pas encore exposés.

Maison occupée au XIXe siècle par le peintre Ary Scheffer et la famille d'Ernest Renan (historien et philosophe). Aujourd'hui annexe du musée Carnavalet • Au rez-de-chaussée : souvenirs de George Sand et de son entourage • Au 1er étage : exposition temporaire se rapportant à la vie littéraire et artistique au XIXe siècle.

HORAIRES • De 10 h à 17 h 40, sauf lundi.

ACCÈS • Métro : Saint-Georges, Pigalle • Bus : 67, 74, 85, 30, 54.

TARIFS • 9 F. 1/2 tarif pour les étudiants.

DOCUMENTATION • Un feuillet gratuit sur le musée.

ANIMATIONS • Une fois par mois environ, le mardi à 14 h 30, conférence sur les souvenirs de George Sand et de son entourage. 18 F + prix d'entrée. Renseignements : 48 74 95 38.

DÉTENTE • Une serre et un petit jardin avec des bancs.

MUSÉE NATIONAL AUGUSTE-RODIN

Hôtel Biron, 77 rue de Varenne, 75007 Paris
Tél. 47 05 01 34

Une recette idéale pour tous ceux qui pensent encore — pas vous, bien sûr ! — que la sculpture est un art rébarbatif pour les enfants.

Vous choisissez une belle journée de printemps ou d'automne et vous vous rendez au 77 rue de Varenne, à l'hôtel Biron.

Vous emmenez déjeuner votre enfant dans la très sympathique cafétéria du parc.

Vous visitez l'hôtel proprement dit, où il découvrira les œuvres du sculpteur dans un cadre particulièrement majestueux. Si vous trouvez que cet art ne l'inspire décidément pas, vous ne serez pas venu pour rien : il fait bon découvrir un parc aussi superbe, en plein centre de Paris, où les œuvres sont là, dans un décor naturel.

Si en revanche vous sentez poindre en lui le génie de l'artiste, la passion du burin, l'amour du marbre, vous pouvez profiter de la navette qui, de mai à septembre, vous emmène au musée Rodin de Meudon (voir p. 145).

• Les enfants peuvent participer à des ateliers sculpture au musée des Monuments français et au musée d'Orsay (voir p. 79 et 86).

Œuvre et collection d'Auguste Rodin, sculpteur (1840-1917) • Expositions temporaires.

HORAIRES • De 10 h à 17 h 15, sauf mardi.

ACCÈS • Métro : Varenne • Bus : 69.

TARIFS • 15 F. 7,50 F pour les 18-25 ans. Gratuit pour les moins de 18 ans.

DOCUMENTATION • Livret sur le musée : 4,50 F.

ANIMATIONS • S'adresser aux conférenciers nationaux : 42 96 58 30.

DÉTENTE • Parc autour du musée • Cafétéria dans le parc.

MUSÉE DE LA SCULPTURE EN PLEIN AIR DE LA VILLE DE PARIS

Jardins du Port-Saint-Bernard
Quai Saint-Bernard, 75005 Paris

Saluons d'abord cette bonne initiative de la Ville de Paris : les musées-promenades sont rares, les occasions de présenter des sculpteurs contemporains aussi. Donc, bravo ! Je ne prendrai pourtant pas de pari sur ce que les enfants préféreront regarder : les sculptures ou les péniches ?

▲ ● ■

La promenade s'effectue le long des quais au ras de l'eau. Le parcours est semé d'une trentaine de sculptures, de jeux pour les enfants.

Vous pouvez même prévoir un pique-nique à déguster en regardant passer les péniches... Seul point noir : le bruit de la circulation sur le quai Saint-Bernard.

Vaste jardin au bord de la Seine dans lequel ont été placées une trentaine de sculptures contemporaines (César, Ipousteguy, Stahly, Schöffer...), la plupart pour une durée déterminée (prêt des sculpteurs).

HORAIRES • Tous les jours à toute heure.

ACCÈS • Métro : Sully-Morland, Austerlitz • Bus : 67, 86, 87, 24, 63, 89.

TARIF • Gratuit.

MUSÉE NATIONAL DES TECHNIQUES

270 rue Saint-Martin, 75003 Paris
Tél. 40 27 20 00

Ses « comment » et ses « pourquoi » commencent à vous échauffer sérieusement les oreilles, et vous en avez plus qu'assez de voir à chaque instant vos postes de radio démontés, vos baromètres mis en pièces et votre télévision déréglée par votre Einstein en herbe ? Alors, croyez-moi, emmenez-le sans plus attendre au musée des Techniques ! Il pourra enfin suivre en direct, étape par étape, l'évolution de nos progrès !

C'est vrai que ce musée est fort intéressant pour les « Géo-Trouvetout », les savants en puissance ou les surdoués à lunettes. Mais pour les autres ! Oh ! là là !

Il faut savoir choisir dans ce dédale de sciences, surtout si l'on n'a jamais possédé la moindre petite bosse de maths ou de physique ! Quel ennui si vous tombez par inadvertance dans certaines salles austères ! Retournez vite à la case départ avant que vos petits anges aient eu le temps de vous poser certaines questions pièges auxquelles vous allez être incapable de répondre.

Pourquoi, mais pourquoi donc n'organisent-ils pas des ateliers ou des visites guidées pour les jeunes ? Enfin ! Mais rassurez-vous, heureusement, dans ce jeu de piste, il n'y a pas que des traquenards. Loin de là ! (Sinon vous imaginez bien que ce musée ne serait pas sélectionné ici.)

Laissez votre « génial Olivier » aux départements de l'optique, de l'électricité ou de la métrologie (qui n'est pas la science du métro, bien sûr (!), mais celle des poids et mesures), et précipitez-vous au rez-de-chaussée où le monde merveilleux des transports vous attend. Attention ! Les premières grosses locomotives à vapeur, grandeur nature (enfin presque), vous guettent à l'entrée. Plutôt impressionnantes, non ? Et quel magnifique circuit électrique plus loin à gauche ! De quoi rester des heures à rêver devant les petits villages, les gares illuminées, les personnages en situation. Et vous n'avez rien vu encore ! Il vous reste à découvrir les anciennes voitures, l'ancêtre de notre bicyclette, ou bien, au 1er étage, les maquettes géantes de bateaux !

Si vous avez encore le temps, ne partez pas sans avoir été dire bonjour à la petite grand-mère de notre télévision. Vous verrez, elle est tordante ! Pour ne pas faire de jaloux, allez saluer ce bon « vieux » poste de TSF d'avant-guerre et, pourquoi pas, pour finir, « clic-clac », une photo dans un atelier du début du siècle (entièrement reconstitué).

Vous voyez, de quoi passer un après-midi fantastique, si on accepte de faire l'impasse sur certaines techniques ! Ah ! n'oubliez pas d'aller rechercher votre « génie », absorbé dans la contemplation des mécanismes d'horlogerie !

Le développement des sciences et des techniques du XVIe siècle à nos jours. Vous trouverez • Au rez-de-chaussée : les transports, l'agriculture, l'astronomie, la salle Lavoisier, l'horlogerie, les automates, les poids et mesures • Au 1er étage : les métiers du XVIIIe siècle, l'énergie, l'électricité, la verrerie, l'acoustique, l'optique, la mécanique, la photo, le cinéma, la radio, la télévision, les arts graphiques, le textile.

HORAIRES • De 13 h à 17 h 30, sauf lundi et jours fériés. Le dimanche de 10 h à 17 h 15.

ACCÈS • Métro : Arts-et-Métiers, Réaumur-Sébastopol • Bus : 20, 38, 39, 47, 75.

TARIFS • 10 F. 5 F pour les 12-25 ans. Gratuit pour les moins de 12 ans.

DOCUMENTATION • Dépliant gratuit avec plan du musée + petit livre à 10 F.

ANIMATIONS • Le 1er mercredi de chaque mois à 14 h, salle des automates : pour les voir fonctionner • Visites guidées uniquement pour groupes. Les scolaires sont les bienvenus.

Musée national des Thermes et de Cluny

6 place Paul-Painlevé, 75005 Paris
Tél. 43 25 62 00

A tous les chevaliers en mal d'époque, rêvant d'armures et de tournois, de licornes et de châteaux, voici un musée dont ils vont être les héros...

Les thermes sont un des seuls vestiges (avec les arènes de Lutèce) du passé de notre capitale, mais ne vous attendez surtout pas à y prendre un bain, car rien n'est là pour faire revivre les ablutions des Gallo-Romains, et c'est dommage ! En revanche, en franchissant le seuil de Cluny, vous serez subitement plongé... en plein Moyen Age, et sans qu'un magicien ne vous ait jeté de sort !

Peu de mobilier en ces temps-là : coffres et armoires pour ranger vêtements et vaisselles, tables pliantes que l'on transportait au gré des déplacements... et des guerres ! Vous verrez de magnifiques armures, de lourdes épées, mais aussi de merveilleuses peintures (religieuses, bien sûr) et d'immenses tapisseries qui servaient à décorer les murs austères et froids des châteaux forts. Ne quittez surtout pas ces lieux sans avoir contemplé la dame à la licorne, bien protégée de la lumière dans une salle toute en rotonde. Et si vos chevaliers en redemandent encore et encore, proposez-leur alors une visite au musée national de la Renaissance dans le château d'Écouen (voir fiche p. 159).

• Tous les renseignements sont accrochés avant l'entrée de chaque salle.

• A déconseiller à tous ceux pour qui le Moyen Age n'évoque rien ou presque : ils s'ennuieraient mortellement...

Deux musées distincts au même endroit • Les thermes de Lutèce • L'hôtel de Cluny (musée consacré au Moyen Age).
HORAIRES • De 9 h 45 à 12 h 30 et de 14 h à 17 h 15, sauf mardi.
ACCÈS • Métro : Saint-Michel, Odéon • Bus : 21, 27, 38.
TARIFS • Pour les 2 musées 15 F. 8 F pour les 18-25 ans étudiants. Gratuit pour les moins de 18 ans.
DOCUMENTATION • Dépliant gratuit • Librairie près des caisses, vous y trouverez beaucoup de livres pour enfants sur le Moyen Age.
ANIMATIONS • Pour tous : chaque mercredi à 15 h, visite des thermes. 20 F • Les visites de l'hôtel de Cluny sont réservées aux groupes. Renseignements : 43 25 62 00, poste 62 (le matin tôt).

VIDÉO-MUSÉE DE LA TOUR EIFFEL

Champ-de-Mars, 75007 Paris
Tél. 45 50 34 56
Renseignements : 45 55 91 11

N'attendez donc pas la venue de vos cousins de province, grimpez, grimpez ! C'est le succès garanti auprès de vos enfants. Et si vous êtes très radin ou très sportif, les escaliers vous attendent. Sur la pointe des pieds et en rentrant le ventre, s'il vous plaît : il paraît que c'est excellent pour la santé !

▲ ● ■

Sincèrement, nous n'aurions pas mentionné ce musée s'il ne se trouvait à la tour Eiffel. Mais une fois là-haut, la visite s'impose. D'abord parce qu'il est gratuit ; ensuite parce que vous y verrez des cartes postales humoristiques dont la tour est l'héroïne, des hologrammes toujours impressionnants et surtout des films sur l'histoire de cette vieille dame de fer.

• Pour échapper à la foule, venez d'octobre à mars (à l'exception des vacances de Noël). Vous pouvez aussi faire une visite de nuit, jusqu'à 23 h.

• Au rez-de-chaussée (piliers est-ouest) : visite gratuite de la machinerie historique • Au 1er étage (57 mètres), le ciné-musée-vidéo : films documentaires tirés d'archives de la cinémathèque. Montages historiques sur la tour Eiffel (20 mn), hologrammes (images en 3 dimensions). Vieilles cartes postales humoristiques de la tour Eiffel • 2e étage (115 mètres) dans la galerie couverte : tableaux historiques • 3e étage (277 mètres) : tables panoramiques. Bureau de Gustave Eiffel. Point d'observation remarquable de Paris et de ses environs.

HORAIRES • De 10 h à 23 h.

ACCÈS • RER : ligne C, Champ-de-Mars • Métro : Trocadéro, Bir-Hakeim • Bus : 42, 69, 82, 87, 72 • Parking.

TARIFS • Gratuit pour les moins de 4 ans • Pour les 4-12 ans : 6 F 1er étage, 12 F le 2e, 19 F le 3e • Pour les plus de 12 ans : 11 F 1er étage, 27 F le 2e, 42 F le 3e • Pas de réduction les samedi, dimanche et fêtes • Par l'escalier : 7 F.

DOCUMENTATION • Dépliant gratuit • Un document pédagogique gratuit sur la tour Eiffel à l'information.

ANIMATIONS • Visites-conférences sur la tour Eiffel, organisées par la CNMHS. Renseignements : 42 74 22 22 (de temps en temps des spécial-jeunes).

DÉTENTE • Champ-de-Mars, Trocadéro • Cafétéria • Restaurants.

Musée Zadkine

100 bis rue d'Assas, 75006 Paris
Tél. 43 26 91 90

Rue d'Assas, il y a la fac de droit, la boutique d'une styliste de mode, des écoles où il est très bien porté d'inscrire ses enfants et...
la célèbre maison-atelier du sculpteur Zadkine, avec son petit jardin.

Les sculptures sont intéressantes, notamment celles de la période cubiste, mais un peu à l'étroit dans ce charmant espace (les enfants iront courir ensuite dans les jardins du Luxembourg).

Pour que la visite soit plus riche, il faudrait que vous puissiez expliquer à votre enfant certaines œuvres de Zadkine. Mais si, vous en êtes capables ! Venez le week-end, deux livrets vous seront proposés : le premier, destiné à votre enfant, l'incitera à poser des questions auxquelles vous pourrez répondre grâce au 2e qui sera dans vos mains. Génial, non ?

Nombreuses sculptures de Zadkine (1890-1967), sa maison, ses ateliers, son jardin.

HORAIRES • De 10 h à 17 h 40, sauf lundi.

ACCÈS • Métro : Vavin, Notre-Dame-des-Champs, Port-Royal • Bus : 38, 58, 82, 83, 91.

TARIFS • 9 F. Gratuit le dimanche.

DOCUMENTATION • Bibliothèque consacrée à Zadkine ouverte aux chercheurs • Le week-end, **pour les enfants** à partir de 8 ans, un petit livret (2 F) pour parcourir le musée.

ANIMATIONS • Pour adultes, 1 mardi sur 3 à 14 h 30 (18 F) conférences sur l'atelier et ses œuvres, téléphoner au musée.

DÉTENTE • Les jardins du Luxembourg.

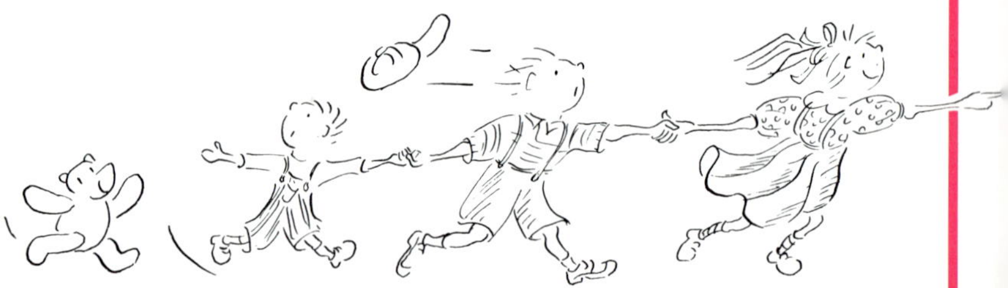

ILE-DE-FRANCE

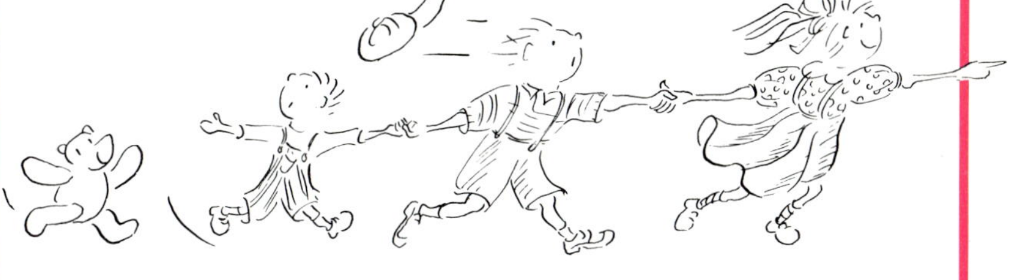

Musée napoléonien d'Art et d'histoire militaire

88 rue Saint-Honoré, 77300 Fontainebleau
Tél. 64 22 49 80

L'armée de Napoléon vous attend au grand complet ! Vous allez découvrir de fiers soldats en tenue, des cantinières qui n'ont pas froid aux yeux, des canons, des armes. Et puis vous assisterez, par maquettes interposées, à la revue des Tuileries et aux adieux de Napoléon à sa vieille garde !

A Fontainebleau, deux musées sont consacrés à l'empereur. Mais rassurez-vous, ils n'ont qu'un seul point commun et c'est ? Napoléon, bien sûr ; chaque musée se complète et va vous proposer une vision différente de cette période. Le château vous montrera l'homme privé, sa famille, ses amis, l'endroit où il aimait vivre.

Ici, en revanche, vous allez assister à une campagne toute napoléonienne : uniformes, armes blanches, armes à feu, cuivre, sellerie vont défiler sous vos yeux. Et vous pourrez constater par vous-même, en regardant le mannequin qui servait à faire les habits de Napoléon, que notre grand empereur était en fait un tout petit homme.

• N'hésitez surtout pas à poser des questions à M. Prost, créateur du musée ; souvent présent, il vous répondra toujours avec plaisir.

L'histoire militaire du Ier Empire à travers les équipements de l'armée.

HORAIRES • De 14 h à 17 h, sauf dimanche et lundi.

ACCÈS • Voiture : autoroute A 6, sortie Fontainebleau • Train : gare de Lyon.

TARIFS • 6 F. 3 F pour les groupes de 20 personnes.

ANIMATIONS • Visite guidée uniquement pour les groupes et sur rendez-vous. Gratuit.

DÉTENTE • La forêt de Fontainebleau • Le parc du château.

Musée napoléonien du château de Fontainebleau

77300 Fontainebleau
Tél. 64 22 27 40

Si vous voulez marcher sur les traces de Napoléon, n'hésitez pas : allez visiter Fontainebleau ! Vous y verrez non seulement le château qu'il habitait, avec ses appartements, mais aussi les musées qui retracent sa vie et la ville qu'il aimait. Et, pour finir la journée, un parc magnifique, une forêt bourrée de charme et de rochers vous permettront de faire d'agréables promenades.

D'abord, 3 conseils indispensables :

Ne vous énervez pas en prenant vos billets, lorsque vous vous apercevrez que la seule et unique caissière laissera tomber une queue de 300 personnes pour courir après un touriste étourdi... C'est plutôt gentil !

N'oubliez pas que le billet est valable toute la journée, cela vous évitera de faire un scandale à 11 h 30, lorsque vous essaierez de visiter le château après avoir bien profité du musée napoléonien et que l'on vous en refusera l'entrée sous prétexte qu'il est trop tard ! (Hélas ! pas de solution si la même histoire vous arrive à 16 h 15 !)

Surtout, surtout, évitez le musée du château dès le mois de mai : une foule de touristes s'agglutine alors dans les salles, et vous n'aurez aucune chance d'apercevoir le moindre meuble ou le plus petit tapis dans ces pièces qui ont vu tant et tant de rois défiler...

Nous vous conseillons donc de foncer directement au musée napoléonien (où les groupes sont heureusement interdits), quitte, puisque le billet est valable pour les deux musées, à vous promener ensuite, si vous voyez que la foule s'est dispersée, dans les salles réservées à l'empereur.

Le musée napoléonien est consacré à la vie intime de Napoléon. Entièrement restaurées, les pièces, agréables d'accès, vous montreront sa vie quotidienne : ses nécessaires de toilette, ses vêtements préférés, les objets usuels dont il se servait.

Le musée est très beau, et les passionnés d'histoire doivent absolument le visiter. D'autant plus qu'ils connaîtront mieux ainsi la famille de Bonaparte, car une salle est consacrée à Marie-Louise, d'autres à ses frères et sœurs. Mais celle réservée à son fils, l'Aiglon, est de loin la plus surprenante. Vous y verrez toute la layette du roi de Rome, les berceaux où il dormait, sa vaisselle d'enfant...

Une grande promenade dans le parc finira agréablement cette journée. Et, pensez avec émotion aux *Adieux de Fontainebleau*...

• L'aspect militaire du règne de Napoléon, qui complète parfaitement cette visite, se situe à deux pas du château, au musée d'Art et d'histoire militaire.

2 musées au château de Fontainebleau 1. Le musée du château. Vous y verrez : les grands appartements du souverain, les salles Renaissance, l'appartement du pape, les petits appartements 2. Le musée napoléonien.

HORAIRES • De 9 h 45 à 12 h 30 et de 14 h à 17 h 15, sauf mardi et 1er mai. Pour les petits appartements, visite guidée obligatoire à 10 h, 11 h, 14 h 15 et 15 h 15. Le nombre de personnes étant limité à 20, prenez votre billet dès l'ouverture des caisses • Les appartements du pape sont actuellement fermés.

ACCÈS • Voiture : autoroute A 6, sortie Fontainebleau • Train : gare de Lyon.

TARIFS • Pour les 2 musées : 21 F. 11 F pour les étudiants. Gratuit pour les moins de 18 ans. Billet valable pour la journée. 11 F le dimanche. Attention : les caisses ferment environ 45 mn avant la fermeture des musées • Petits appartements de l'empereur : 10 F. 5 F pour les 18-25 ans. Gratuit pour les moins de 18 ans. Prendre son billet dès l'ouverture des caisses.

DOCUMENTATION • Petit guide sur les musées : 8 F • Fontainebleau : guide de la visite : 20 F • Librairie.

ANIMATIONS • Visite guidée obligatoire pour les petits appartements. Voir horaires • Pour le reste du château, il faut réserver un conférencier en téléphonant au 64 22 27 40 : 400 F • Cassette-guide pour les salles Renaissance et les grands appartements : 20 F. Elles ne sont pas disponibles en hiver • Les groupes sont interdits au musée napoléonien.

DÉTENTE • Le parc du château : des **promenades en voiture à cheval** sont organisées • La forêt de Fontainebleau.

Musée du Cheval et de l'Attelage

Ferme de Retal, 77149 Liverdy-en-Brie
Tél. 64 25 51 07 ou 48 85 32 07

Que diriez-vous d'aller découvrir, par un beau dimanche de printemps, une magnifique collection d'attelages ? Tentant, non ? D'autant plus qu'une folle randonnée en diligence est prévue au programme !

▲ ● ■

FERMÉ

Les chevaux à l'écurie piaffent d'impatience, majestueux et prêts à être attelés. Admirez-les avant de partir pour une aventure rocambolesque au pays des carrosses.

1re étape : les attelages de films. Ici tout est du cinéma ! Les voitures sont des reproductions ayant servi à des tournages... Vous pourrez voir dans la petite grange qui les abrite des chars romains, des diligences de western... On est tout de même loin de se croire sur un plateau de réalisateur, mais c'est amusant !

2e étape : là, c'est du sérieux. De magnifiques pièces de collection parfaitement restaurées sont exposées dans cet immense entrepôt. Regardez bien !...

Certaines voitures ont leurs portes entrouvertes. En jetant un œil indiscret à l'intérieur, vous pourrez apercevoir des comtesses en robes d'apparat.

Ne partez surtout pas sans avoir fait une promenade en carrosse dans la campagne environnante !

Arts et traditions populaires de l'attelage, plus écurie.

HORAIRES • De 14 h à 18 h les dimanche et jours fériés, des Rameaux à la Toussaint • Pour les groupes, toute l'année.

ACCÈS • Voiture : autoroute A 4, sortie Val-Maubuée, puis direction Nancy ou N 4 et, à Tournan-en-Brie, direction Melun. Un fléchage est mis en place pour les derniers kilomètres.

TARIFS • 20 F. 15 F pour les enfants. Gratuit pour les moins de 5 ans.

ANIMATIONS • Des promenades en carrosse sont organisées. Elles durent 1/2 h. 30 F. 20 F pour les enfants • Pour les groupes uniquement et sur rendez-vous, visites guidées de 1 h.

DÉTENTE • Bar, salon de thé : sur demande, ils peuvent organiser votre goûter.

Musée du Train à vapeur

Ajecta, gare de Longueville, 77650 Longueville
Tél. 64 08 60 62

Une gare apparemment normale : trains actuels, voyageurs pressés, contrôleurs, mais ne vous fiez pas aux apparences ! Regardez bien : juste un peu plus loin, tapies comme de gros chats endormis, de surprenantes vieilles machines à vapeur attendent les visiteurs.

▲ ● ■

Ce n'est pas tous les jours, hélas, que vous verrez fonctionner ces trains. Ils sont le plus souvent immobilisés, mais vous pourrez tout de même visiter les wagons au repos (wagon postal, wagon-restaurant), les locomotives, les ateliers en demi-lune.

Ce musée bouge beaucoup, vous risquez de faire un tour en chemin de fer si vous avez beaucoup de chance, ou de vous trouver devant une gare vide : les trains à vapeur se seront évaporés vers une autre destination ! Alors, un conseil, téléphonez toujours avant de vous déplacer.

Ah ! si vous êtes vraiment passionné, un autre musée des transports, lui aussi situé dans une gare et vous montrant des trains, se trouve gare de Valmondois à Butry-sur-Oise dans le 95. Renseignements : 34 13 98 53. Horaires : de 14 h 30 à 17 h 30 le week-end.

• La ville médiévale de Provins est juste à côté.

Ce musée est la propriété d'une association de bénévoles amoureux de la traction à vapeur. Ils possèdent un atelier pour l'entretien et la réparation du matériel.

HORAIRES • Toute la journée du samedi et du dimanche uniquement.

ACCÈS • Voiture : N 19, direction Provins. Longueville se trouve juste avant Provins • Train : gare de l'Est, direction Troyes.

TARIF • Gratuit.

ANIMATIONS • Si vous voulez faire un petit voyage en train à vapeur, téléphonez à M. Guy de France : 45 25 92 14.

Maison de Clemenceau

La Grange-Batelière, 77250 Moret-sur-Loin
Tél. 60 70 51 21

Passionnés d'histoire, venez faire une visite à la maison Clemenceau ! Prenez note ! Vous avez rendez-vous dimanche à 15 h avec Mme Clemenceau.

C'est dans sa petite maison couverte de chaume au bord du Loing que Madeleine Clemenceau, après avoir proposé plein de bonbons à vos enfants, va commencer à évoquer pour vous la vie de son beau-père, Georges Clemenceau.

Elle monopolisera complètement votre attention en vous parlant non seulement de l'homme public, le héros de 14-18, le Père la Victoire, mais aussi de l'homme privé que l'on connaît moins. Vous verrez ses collections, qu'elle a réunies ici, ses objets préférés, les photos de ses enfants. C'est fantastique de pouvoir discuter ainsi, tout simplement, comme des amis, avec un témoin de notre passé.

En quittant ces lieux chargés d'histoire, allez vous promener dans la campagne environnante. Elle est si pleine de charme et de poésie qu'elle a impressionné... plus d'un impressionniste !

• Il existe aussi un musée Clemenceau à Paris, 8 rue Franklin, 75016 Paris.

Les souvenirs de Clemenceau, héros de la guerre 1914-1918.

HORAIRES • A 15 h le dimanche uniquement • Pour les groupes, en semaine sur rendez-vous.

ACCÈS • Voiture : autoroute A 6, sortie Fontainebleau. N 7 jusqu'à l'obélisque de Fontainebleau, puis N 5.

TARIF • 30 F.

ANIMATIONS • Visite guidée obligatoire (durée environ 1 h).

DÉTENTE • Le jardin de la maison • Tous les bords du Loing, si pleins de charme.

MUSÉE DE LA PRÉHISTOIRE D'ILE-DE-FRANCE

Avenue de Stalingrad, 77140 Nemours
Tél. 64 28 40 37

Que diriez-vous d'aller passer votre journée avec les chasseurs de rennes du magdalénien ? Mais attention : la condition sine qua non *pour réussir ce voyage extratemporel, c'est d'aimer la préhistoire !*

Poussez la porte de cette maison transparente, posée sur l'herbe, comme un immense vaisseau spatial, laissez notre XXe siècle dehors et transportez-vous dans les temps les plus reculés de notre ère.

Quelle aventure ! Vous allez partir sur la piste des mammouths, suivre pas à pas l'évolution de notre espèce, vivre une journée entière avec les chasseurs de rennes (spectacle audiovisuel) et ne plus rien ignorer des différents climats qui ont bouleversé notre Terre (reconstitution de la végétation dans les patios).

Dans ce musée, tout est simple, intelligent, vivant : les expositions temporaires, toujours liées, bien sûr, à la préhistoire, sont sensationnelles. Vous pourrez même comprendre les techniques de recherche des objets anciens en admirant le site de Pincevent qui a été complètement reconstitué !

• Lisez les panneaux situés près des caisses : il y a plein d'idées et des numéros de téléphone, pour participer à des fouilles par exemple.

Implanté dans un site rocheux et boisé, ce musée retrace l'ère préhistorique de la région parisienne • Expositions temporaires • Salle de projection • Montage audiovisuel.

HORAIRES • De 10 h à 12 h et de 14 h à 17 h 30, sauf mercredi.

ACCÈS • Voiture : autoroute A 6, sortie Nemours.

TARIFS • 8 F. Pour les 6-25 ans : 4 F. Gratuit pour les moins de 6 ans • Gratuit pour les groupes et écoles : réservations 2 à 3 semaines à l'avance.

DOCUMENTATION • 5 F le catalogue.

ANIMATIONS • Projection animée sur la vie des chasseurs de rennes • Deux parcours fléchés. Parcours simple : flèches rouges. Parcours approfondi : flèches vertes.

DÉTENTE • Le parc autour du musée.

MAISON DE MAC ORLAN

Les Archets, 77750 Saint-Cyr-sur-Morin
Tél. 60 23 80 16

C'est dans cette toute petite maison briarde bourrée de charme et de simplicité que Mac Orlan a laissé son âme.

FERMÉ

Catherine Tolstoï a choisi de vivre dans la maison de l'écrivain qu'elle a si bien connu. Sur son bureau, juste à côté de la fenêtre donnant sur le jardin où serpente une rivière, Catherine à son tour s'installe et écrit. Mac Orlan ne l'a pas quittée.

Elle a voulu conserver chaque meuble, chaque objet usuel à sa place, comme s'il n'était pas vraiment parti, comme s'il allait revenir, et, dans les pièces hantées par l'écrivain, elle va commencer à vous parler de sa vie, de sa femme, de ses amis, de ses livres. Aux murs sont accrochés de magnifiques tableaux qu'il adorait. Gardienne de ses pénates, Catherine veille au repos et à la mémoire de Pierre Mac Orlan.

• N'attendez plus une seconde et précipitez-vous dans ce musée, car il est question que Mme Tolstoï déménage et il faut absolument que ce soit elle qui vous parle de l'auteur de *L'Ancre* ! Elle l'a tant aimé...

Maison où vécut Pierre Dumarchey, dit Mac Orlan, écrivain français (1882-1970), auteur de *Quai des brumes* et de *L'Ancre*.

HORAIRES • De 15 h à 18 h 30.

ACCÈS • Voiture : autoroute A 4, sortie La Ferté-sous-Jouarre.

TARIF • Gratuit.

ANIMATIONS • Visite guidée obligatoire.

MUSÉE IVAN-TOURGUENIEV

« Les Frênes », 16 rue Ivan-Tourgueneff, 78280 Bougival
Tél. 45 77 87 12

Que fait un Russe qui vient à Paris au XIXe siècle, qui décide de s'y fixer pour devenir un grand écrivain, mais qui garde néanmoins une profonde nostalgie de son pays natal? Il se construit une datcha!

La datcha d'Ivan Tourgueniev se trouve sur la pente d'une petite colline agréablement boisée de Bougival. L'auteur de *Premier Amour*, l'ami de Flaubert et de Zola, l'admirateur de « la » Malibran y finira même ses jours. Vous visiterez tout particulièrement la chambre et le cabinet de travail restaurés par les très habiles mains de l'école Boulle. N'y emmenez pas, bien sûr, vos plus jeunes enfants : ils n'y prendraient qu'un intérêt très restreint. Cette visite fournira en revanche aux 15-16 ans une excellente occasion de découvrir Ivan Tourgueniev, son œuvre, beaucoup de documentation sur son époque, ses célèbres amis, et ses livres, bien sûr, en vente sur place.

- L'Association des amis d'Ivan Tourgueniev organise des concerts, des voyages (URSS, Baden-Baden...), publie des revues et décerne même chaque année un prix littéraire. Se renseigner au musée.
- L'Office du tourisme de Saint-Germain-en-Laye (34 51 05 12) organise un circuit des demeures d'écrivains célèbres. Visite des maisons de Maeterlinck, Zola, Tourgueniev et Dumas, avec déjeuner à Médan (280 F tout compris).

Dans le chalet où vécut Ivan Tourgueniev (1818-1883), évocation de sa vie, de son œuvre et de ses amis (notamment les cantatrices Pauline Viardot et María Malibran, nées García).

HORAIRES • De 14 h à 18 h les mercredi, samedi et dimanche.

ACCÈS • Voiture : N 13 (à côté de l'hôtel Forest Hill) • Bus : 158 A (La Défense - Saint-Germain-en-Laye), arrêt musée Tourgueniev.

TARIFS • 15 F. Gratuit pour les moins de 14 ans.

DOCUMENTATION • Un feuillet gratuit sur le musée • Revues littéraires et musicales • Livres de Tourgueniev.

ANIMATIONS • Visites-conférences pour groupes : 200 F + entrée 10 F. Renseignements : 45 77 87 12.

Musée de la Batellerie

Château du Prieuré, place Jules-Gévelot, 78700 Conflans-Sainte-Honorine
Tél. 39 72 58 05

Un bateau-église, le port à sable, la gendarmerie fluviale, la bourse d'affrètement... Bon sang ! mais c'est bien sûr ! Vous êtes à Conflans-Sainte-Honorine, la capitale de la batellerie, qu'on croirait sortie d'un décor des Cinq Dernières Minutes.

Avant tout, prévoyez la journée entière car la visite ne se limitera pas au musée. Il faudra aller vous promener le long des berges où stationnent les péniches, pousser jusqu'aux écluses d'Andresy (que vous pouvez visiter en téléphonant à M. Dibon, ingénieur, au 39 11 08 33), bref, vous imprégner de cette ambiance que tous les enfants adorent, la vie des bateliers.

Le musée lui-même est situé sur des hauteurs d'où vous aurez une vue imprenable : la vallée de la Seine sur fond de forêt de Saint-Germain !

Il convient à tous les âges et est gratuit. Les maquettes de péniches et autres embarcations fluviales passionneront, tous les enfants. La mise en scène de petits personnages les aidera à comprendre la fabrication d'un bateau, le halage d'une péniche... Nous conseillons aux plus âgés de se munir d'un cahier où ils pourront noter le nom des embarcations, les techniques de propulsion. Des tablettes ont été prévues à cet effet. Tous pourront ensuite se dégourdir les jambes ou faire du vélo dans le parc du château qui abrite le musée. En conclusion, un musée agréable à visiter, bien documenté et situé dans un environnement superbe.

Dans le château, cinq salles consacrées à l'histoire de la batellerie (navigation sur fleuve) en France • Nombreuses maquettes et photos.
HORAIRES • De 9 h à 12 h et de 13 h à 18 h, sauf mardi. De 15 h à 18 h (en été) et de 14 h à 17 h (en hiver) les samedi, dimanche et jours fériés (sauf 1er mai).
ACCÈS • Voiture : A 13, sortie Saint-Germain-en-Laye, A 15, sortie Saint-Ouen-l'Aumône, puis N 184 à Conflans, passer le pont • SNCF : Saint-Lazare - Conflans.
TARIF • Gratuit.
DOCUMENTATION • *L'Enfant au musée*, 20 F. *Paris et la batellerie*, 20 F. De nombreux autres fascicules • Centre de documentation (plus de 1 000 livres).
ANIMATIONS • Contacter l'hôtesse d'accueil ou l'animation pédagogique : Bernard Le Sueur, école normale du Val-d'Oise, 95000 Cergy-Pontoise, 30 39 75 87.
DÉTENTE • Le parc municipal du château.

Fondation Cartier

78350 Jouy-en-Josas
Tél. 39 56 46 46

Quel temps superbe ! Et vous qui aviez décidé de partir à la découverte des musées ! Il n'en est plus question, avec vos petites terreurs avides de grand air. Emmenez-les donc à la fondation Cartier, car, ici, c'est en courant dans les allées qu'ils rencontreront l'art moderne !

▲ ● ■

C'est un pouce qui va vous accueillir dans ce temple de l'art contemporain. Cet immense doigt, témoin du génie de César, planté là sur le gazon, a l'air de vous faire signe comme s'il vous invitait à la promenade ! Surtout, ne résistez pas à cet appel et emmenez vos enfants faire un grand tour de parc. Mais, attention ! Au détour de chaque chemin, une surprise vous attend. Là, tenez, par exemple, cette grande pyramide de béton. Non, non, vous ne rêvez pas, c'est bien un assemblage d'anciennes voitures ! Une drôle de façon de résoudre nos problèmes de parking, M. Arman ! Ici un phare, là une portière. Sauriez-vous reconnaître tous les modèles exposés ? En avançant plus loin, vous allez voir... Mais, chut ! Je ne vous en dirai pas plus ! A vous de découvrir !

Après cette promenade, pour vous remettre de vos émotions, rendez-vous au village des artistes, à droite de l'entrée, où un petit café plein de charme vous attend. Meublé et décoré par des artistes contemporains (bien sûr !), vous pourrez y prendre soit un déjeuner tout simple, bien moins cher qu'au restaurant du château, soit seulement une consommation. Mais ne vous y attardez tout de même pas trop, car vous avez encore tout le village des artistes à visiter, et c'est un véritable plaisir de marcher dans cette petite ruelle bordée d'adorables maisons, devant lesquelles des tas de bois peints de toutes les couleurs attendent l'hiver. Et si vous avez la curiosité de regarder par les fenêtres, vous allez apercevoir des peintres en pleine action...

Ne restez donc pas le nez écrasé contre la vitre ! Sonnez à leur porte, ils ne demanderont pas mieux que de vous ouvrir et de discuter avec vous et vos enfants. Ceux-ci, médusés, verront se réaliser devant leurs yeux les œuvres que vous vous évertuez à leur faire découvrir dans les musées d'art moderne !

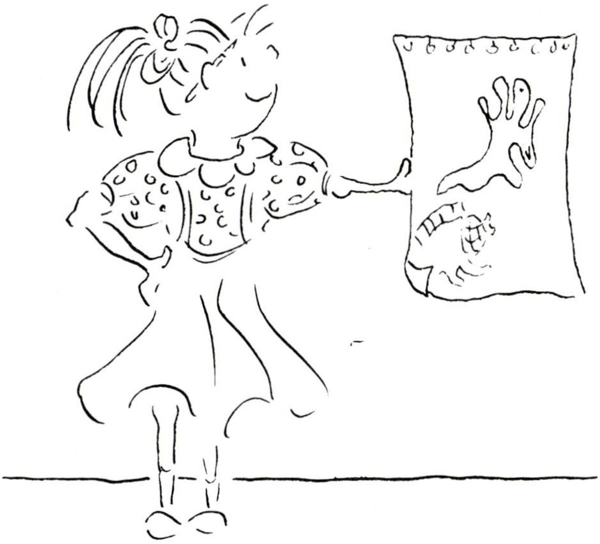

Située dans l'ancien domaine du baron Oberkampf, fondateur de la toile de Jouy, la fondation Cartier se veut le témoin de l'art contemporain.

HORAIRES • De 11 h à 19 h, sauf le lundi.

ACCÈS • Voiture : autoroute Chartres-Orléans, sortie Bièvres, direction Jouy-en-Josas • Train : gare d'Austerlitz, direction Jouy-en-Josas • RER : ligne de Sceaux, arrêt Massy-Palaiseau, correspondance pour Jouy-en-Josas.

TARIFS • 20 F. Réduction pour les groupes et les jeunes. Gratuit pour les moins de 10 ans.

DOCUMENTATION • Gratuite à l'entrée • Librairie.

DÉTENTE • Restaurant dans le château. Très élégant et gastronomique • Petit café dans le village de la fondation : déjeuner et thé décontractés • Le parc du château.

Musée Oberkampf

Château de Montebello, 78350 Jouy-en-Josas
Tél. 39 46 80 48

Voulez-vous connaître l'histoire de la fameuse toile de Jouy, celle qui décorait la chambre de votre arrière-grand-tante et qui est utilisée de nos jours par nos plus grands couturiers ? Alors, rendez-vous donc dans le petit village de Jouy-en-Josas, proche de Paris, d'où la toile tira son nom.

Assurément, c'est une bien vieille toile que la toile de Jouy. Pourtant, nos plus grands couturiers s'en servent encore aujourd'hui pour créer leurs modèles. Il est donc tout à fait légitime de s'intéresser à l'histoire de ce tissu aussi apprécié par Marie-Antoinette que par les plus célèbres de nos stars.

Dans le musée, vous apprendrez, grâce à un bon audiovisuel, que la toile de Jouy fut battue, séchée sur l'herbe, enduite de bouse de vache... Vous y verrez des mannequins, une maquette de l'ancienne manufacture, tout cela avec un fond musical d'époque.

Les plus âgés pourront s'intéresser aux légendes reproduites sur le tissu, comme celle de cet amoureux qui, pour mériter sa fiancée, dut la porter tout en haut d'une montagne où il mourut d'épuisement.

• Vous pouvez cumuler cette visite avec celle de la fondation Cartier, toute proche, destinée à tous les âges (voir p. 118), et y déjeuner dans un cadre très agréable.

Toiles imprimées des XVIIIe et XIXe siècles : tentures, vêtements, matériel d'impression, tableaux, gravures, maquettes se rapportant à Jouy (5 salles) • Audiovisuel • Expositions temporaires tous les 18 mois.

HORAIRES • De 14 h à 17 h les mardi, samedi, dimanche et jours fériés.

ACCÈS • Voiture : A 86, sortie Vélizy-Ouest, Les Metz • SNCF : Montparnasse, direction Jouy-en-Josas (*via* Versailles Chantiers).

TARIFS • 6,55 F • Tarif réduit : 3,35 F.

DOCUMENTATION • Pas de guide, mais un audiovisuel très bien fait de 10 mn sur l'histoire de la toile de Jouy.

DÉTENTE • Le musée est entouré de verdure, mais c'est un parc privé • Sentier de grande randonnée GR 11.

MUSÉE-PROMENADE DE MARLY-LE-ROI-LOUVECIENNES

La Grille royale, parc de Marly, 78430 Louveciennes
Tél. 39 69 06 26

Allez donc vous promener en famille sur les traces de Louis XIV. Vous pourriez en suivre de plus mauvaises ! A Marly, dans ce beau parc, notre grand roi avait sa « maison des champs ». Celle-ci a aujourd'hui disparu mais il reste, dans un parc idéal pour une promenade dominicale, un beau musée qui vous en contera l'histoire.

▲ ● ■

Il y avait à Marly un beau château entouré d'un vaste parc aux nombreuses fontaines, où Louis XIV aimait à se rendre. Il l'appelait sa « maison des champs ». Aujourd'hui, hélas, le château a disparu, mais il reste le parc et le musée qui vous donne l'envie d'aller vous y promener, d'où son nom de musée-promenade.

Dans les belles pièces claires du musée, les statues sont mises en valeur, les tableaux bien exposés et annotés. Un peu plus loin, un mur entièrement peint représente les systèmes hydrauliques de la région Versailles-Marly au temps de notre grand roi. Pour les plus grands, un moyen formidable pour parcourir les allées du parc consiste à louer la cassette de la duchesse de Bourgogne (mère de Louis XV) ! Elle vous accompagnera dans votre promenade en vous racontant de royales anecdotes (1 h). Pour les plus jeunes, prévoyez un ballon « carotte » pour les faire avancer : le parc est très grand !

• Oubliez votre appareil, les photographies sont interdites !

Évocation de Marly aux XVIIe et XVIIIe siècles, de son château qui fut la demeure champêtre de Louis XIV • Évocation de Louveciennes où habitèrent Mme du Barry et Mme Vigée-Lebrun, et où peignirent les impressionnistes • Documents et souvenirs laissés par le XIXe siècle artistique et littéraire • Expositions temporaires.

HORAIRES • De 14 h à 18 h, sauf lundi, mardi et jours fériés.

ACCÈS • Voiture : Autoroute A 13, 2e sortie, direction Saint-Germain-en-Laye. N 186, au bout de la ligne droite, tourner à gauche à l'entrée du virage, passer au-dessus du passage souterrain • SNCF : Saint-Lazare, direction Saint-Nom-la-Bretèche, descendre à Marly-le-Roi.

TARIFS • 7 F. 1/2 tarif pour les étudiants de moins de 25 ans, les enseignants et les groupes de plus de 10 personnes. Gratuit pour les enfants de Marly et de Louveciennes.

DOCUMENTATION • Petit dépliant gratuit sur le musée • Nombreux guides à tous les prix • Diaporama sur les chevaux de Marly le dimanche à 15 h, 16 h et 17 h, et sur le jardin tous les jours • Un petit livre à colorier raconte aux enfants l'histoire des chevaux de Marly • Une bibliothèque et un service de documentation sont à la disposition des chercheurs.

ANIMATIONS • Visites-conférences pour les groupes scolaires (100 F + entrée 3,50 F) et pour les adultes : 300 F • Location de cassettes de 1 h pour parcourir le parc. 2 écouteurs : 30 F (location jusqu'à 16 h) • Projet d'ateliers pour enfants.

DÉTENTE • Le parc de Marly.

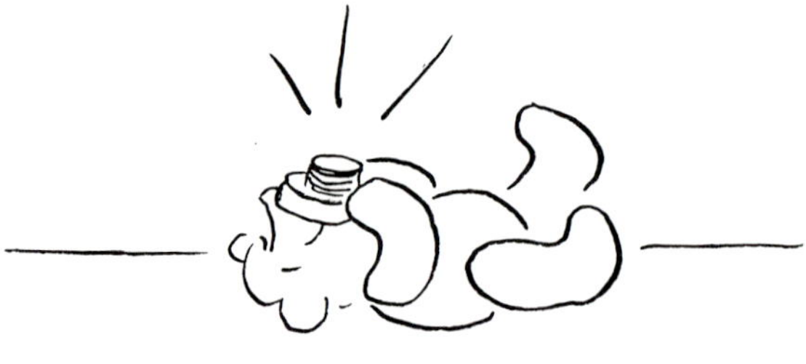

Musée du Vélocipède

Moulin de la Chaussée-Nationale, 78580 Maule
Tél. 30 90 70 27

Où l'on découvre que l'ancêtre de la petite reine n'avait « presque » rien de commun avec notre bicyclette.

Réfugié dans une grange, ce petit musée ravira surtout les passionnés. Voici quelques conseils pour bluffer un peu M. Buisset, maître de céans et amoureux fou de tout ce qui touche de près ou de loin au vélo. 1. La draisienne, vous devez le savoir, est une sorte de bicyclette sans chaîne ni pédale.

2. Le célérifère, que le commun des mortels et quelques spécialistes (dont le musée des Techniques) pensent être l'ancêtre du vélo, n'a paraît-il jamais existé.

3. Si les vélocipèdes avaient de si grandes roues à l'avant, c'était pour avancer plus vite, les pédales étant en prise directe avec la roue motrice (à chaque tour de pédale correspondait un tour de roue), et si à l'arrière la roue était si petite, c'est qu'elle ne servait qu'à maintenir l'équilibre !

Maintenant que vous faites partie de la grande famille des initiés, prenez le temps d'admirer les draisiennes à corps et tête de girafe (1827) ou de serpent (1820), les sixtuplettes de course de 1895 (ce sont des tandems pour six) et bien d'autres merveilles encore.

• Le musée national des Techniques, à Paris, a lui aussi une collection importante de « véhicules » à deux roues.

L'histoire du vélo.

HORAIRES • De 14 h 30 à 18 h 30 les dimanche et jours fériés • En semaine pour les groupes sur rendez-vous avec visite guidée.

ACCÈS • Voiture : autoroute de l'Ouest, sortie Flains. N 13, direction Mantes-la-Jolie • Train : gare Saint-Lazare, descendre à Épone, puis taxi jusqu'à Maule (à 6 km de la gare).

TARIFS • 10 F.

DOCUMENTATION • *L'Histoire du vélocipède*, écrite par Gérard Buisset, créateur du musée : 20 F.

Collection de Papillons

Chez M. Ecker, 28 rue du Clos-de-Bourgogne, 78910 Orgerus
Tél. 34 87 22 89

En saisissant, à l'âge de 6 ans, un grillon près de la gare de son père, M. Ecker a attrapé un virus qui l'a obligé depuis à parcourir le monde, du fin fond de l'Amazonie aux îles indonésiennes. Ce virus, c'est la passion des papillons, et si vous allez voir cet entomologiste, vous risquez d'être, pour votre plus grand bonheur, contaminé à votre tour.

Au 1er étage de son papillon, pardon, pavillon, M. Ecker vous montrera ses merveilles. C'est la plus grande exposition européenne visible par le public (les muséums qui sont les plus riches en papillons ne les montrent pas). Une partie est exposée sur les murs, le reste se trouve dans des boîtes-vitrines entassées dans des étagères ou des placards que l'on vous sortira très volontiers. M. Ecker vous donnera aussi tous les conseils nécessaires pour commencer une collection, attraper et conserver les papillons, et vous pourrez acheter des spécimens au prix de gros, en vous disant qu'en plus vous faites une bonne action.

En effet, M. Ecker s'occupe bénévolement d'une association pour les mal-nourris en vendant les papillons que lui envoient des missionnaires de tous les coins du monde et en leur donnant, à son tour, de l'argent ou des médicaments. Et ce n'est qu'une de ses nombreuses activités ! Si M. Ecker vous dit, lorsque vous le quitterez, qu'en fait sa véritable passion ce sont les timbres, le croirez-vous ?

• Si vous venez avec de jeunes enfants, allez faire un tour dans le jardin où habitent des autruches d'Argentine, des paons de Java...

La plus grande exposition européenne de papillons (du monde entier) visible par le public (environ 250 000).

HORAIRES • Sur demande, par téléphone.

ACCÈS • Voiture : autoroute de l'Ouest, direction Dreux, puis N 12 à Galluis, prendre à droite Garancière et Orgerus • SNCF : gare Montparnasse, omnibus de Dreux, arrêt gare d'Orgerus, puis 1 200 mètres à pied (45 mn).

TARIF • Gratuit.

Musée du Jouet

2 enclos de l'Abbaye, 78300 Poissy
Tél. 39 65 06 06

Que vos enfants ne s'imaginent pas pouvoir jouer au musée du Jouet. Ici, on regarde, on ne touche pas ! Ils verront pourtant des objets bien tentants dans ce musée, installé dans une ancienne abbaye du XIVe siècle.

▲ ● ■

Naturellement vous verrez des poupées, mais surtout de très belles maisons de poupées : en savourant les minutieux détails, imaginez le désastre si vous laissiez vos enfants jouer pendant 5 mn avec elles ! Il y a aussi des jouets optiques, des jeux éducatifs, des trains... Dans la tourelle du 2e étage, une salle de jeux 1900 a été recréée.

Pour animer votre visite, demandez le questionnaire-parcours. Les questions sont simples, et rien ne vous empêche d'en inventer d'autres !

Enfin, si vous n'habitez pas trop loin, vos enfants ont ici leur caverne d'Ali Baba : la ludothèque ! Vous pouvez emprunter un jouet 15 jours pour 3 F (+ adhésion annuelle de 20 F) et vous avez le choix : la ludothèque dispose de 1 500 jouets !

• Vous ne supportez pas de quitter Paris : sachez alors qu'il existe un très sympathique département jouet au musée des Arts décoratifs.

JEUX ET JOUETS DES XIXe ET XXe SIÈCLES • Expositions temporaires • Ludothèque (1 500 jouets) • Bibliothèque.

HORAIRES • De 9 h 30 à 12 h et de 14 h à 17 h 30, sauf lundi, mardi et jours fériés • Ludothèque : de 9 h à 12 h et de 14 h à 18 h le mercredi, de 16 h à 18 h le vendredi, de 14 h 30 à 16 h 30 le samedi.

ACCÈS • Voiture : autoroute A 13 • SNCF : Saint-Lazare-Poissy.

TARIFS • 10 F. 5 F pour les moins de 10 ans.

DOCUMENTATION • Catalogue : 5 F. Petit journal des expositions : 5 F • Diaporama de 17 mn sur les collections.

ANIMATIONS • Conférences réservées aux scolaires : 130 F + 5 F par enfant (1 h environ) • **Un questionnaire-parcours** à travers les vitrines à faire seul. Le demander à l'entrée.

Musée du Mouton

Bergerie nationale, parc du Château, 78120 Rambouillet
Tél. 34 83 83 09

A tous les petits Parisiens nostalgiques de campagne et privés de contact avec la nature, nous dédions ce musée. A 1 h de Paris, forêt, prairie, moutons les attendent avec impatience. Important : une bonne paire de bottes pour visiter la bergerie sera la bienvenue.

Des moutons, oui, mais pas n'importe lesquels : des mérinos ! Surtout regardez-les bien, car cette race est unique et vous n'en verrez nulle part ailleurs en France ! La visite commence par la bergerie où de splendides béliers aux cornes préhistoriques vous défient du regard. Vous êtes prêt maintenant à partager la vie d'un berger ? poussez alors la porte du musée. Vous y verrez les drôles de petites maisons qu'ils emmenaient, tirées par un cheval, le long de leur transhumance, les bâtons qu'ils sculptaient pour tromper l'ennui de leurs longues journées solitaires, les sacs en peau de mouton qu'ils se confectionnaient, les différentes manières de filer la laine, de tondre les animaux...

En sortant, vous aurez l'impression de mieux connaître ce métier en voie de disparition !

• Promenez-vous dans le parc. Il est immense et magnifique. Vous pouvez aussi visiter le château. Il est ouvert tous les jours sauf le mardi : de 10 h à 11 h 40 et de 14 h à 16 h 40, du 1er octobre au 31 mars ; de 10 h à 11 h 40 et de 14 h à 17 h 40 du 1er avril au 30 septembre. 16 F, 3 F pour les moins de 25 ans. Gratuit pour les moins de 7 ans.

• Le musée du Rambolitrain est à deux pas.

Visite d'une bergerie et d'un musée relatant la vie des moutons et de leurs bergers.
HORAIRES • Du 1er septembre au 30 juin : de 14 h à 17 h les dimanche et jours fériés (pour les groupes, sur rendez-vous au 34 83 83 09, les mardi, mercredi, jeudi de 9 h à 12 h et de 14 h à 17 h) • Du 1er juillet au 31 août : de 14 h à 17 h les vendredi, samedi, dimanche et jours fériés (pour les groupes, sur rendez-vous, le jeudi de 9 h à 12 h et de 14 h à 17 h).
ACCÈS • Voiture : autoroute de Chartres, sortie Rambouillet • Train : gare Montparnasse • La bergerie est située assez loin dans le parc du château. Allez-y en voiture.
TARIFS • 10 F. Gratuit pour les moins de 10 ans.

Le Rambolitrain

4 place Jeanne-d'Arc (ou place de l'Église), 78120 Rambouillet
Tél. 34 83 15 93

Si vos enfants, tous les dimanches, relèguent meubles et tapis à la cave pour pouvoir installer leur circuit électrique, n'hésitez pas, emmenez-les sans plus attendre visiter le Rambolitrain... Et tant pis si devant cinquante personnes vos enfants et votre mari se mettent à quatre pattes pour admirer le trajet de mini-trains à vapeur !

▲ ● ■

Découvrir l'histoire du chemin de fer à travers les jouets, que rêver de mieux ? Vous prenez votre petite feuille explicative à l'entrée, vos enfants, eux, s'emparent d'un jeu de piste, et vous n'avez plus qu'à vous mettre sur les rails... 1re station, une collection extraordinaire de locomotives et de trains. Laissez-y votre mari et vos aînés, et continuez votre voyage en faisant 5 mn d'arrêt devant une boutique de jouets du début du siècle entièrement reconstituée : elle a vraiment existé et fournissait les plus beaux trains aux familles princières. Passez ensuite rapidement dans la salle des trains à vapeur (notez que, quand il y a plusieurs enfants, l'animateur les fait fonctionner, et c'est génial !), pour grimper au 2e étage où un gigantesque réseau de trains électriques vous attend : il prend deux pièces entières. Viaduc, tunnel, gare : rien n'a été oublié. Trouvez un bon fauteuil pour attendre tout votre monde ! Ils risquent de vouloir y passer des heures entières...

• La forêt de Rambouillet et le parc du château sont à deux pas... Si vous avez le temps, allez voir le musée du Mouton.

L'histoire du chemin de fer à travers les jouets !
HORAIRES • De 10 h à 12 h et de 14 h à 17 h 30 du mercredi au dimanche.
ACCÈS • Voiture : autoroute de Chartres, sortie Rambouillet • Train : gare Montparnasse.
TARIFS • 12 F. 7 F pour les 4-12 ans. Gratuit pour les moins de 4 ans • Groupe : 7 F avec visite guidée et animée, sur rendez-vous.
DOCUMENTATION • Un **questionnaire-jeu** est remis aux enfants à l'entrée • Un document est prêté aux adultes pour les aider à parcourir le musée.
ANIMATIONS • Visites guidées pour les groupes.

MUSÉE DES ANTIQUITÉS NATIONALES DE SAINT-GERMAIN-EN-LAYE

Place du Château, 78100 Saint-Germain-en-Laye
Tél. 34 51 53 65

C'est au château de Saint-Germain-en-Laye que naquit Louis XIV, et c'est ici qu'il vécut plus de quarante ans avant de déménager pour Versailles. Eh bien, non ! Ce n'est pourtant pas un musée consacré au Roi-Soleil. Faisons encore marcher la machine à reculer le temps et remontons jusqu'à la préhistoire.

C'est un des plus grands musées archéologiques français, et pourtant les objets du paléolithique, néolithique... ne sont pas très parlants pour des néophytes. On constate naturellement l'évolution des techniques à travers les millénaires, on voit l'apparition des bijoux, de l'art. Quelques maquettes animent un peu la salle d'Alésia. Mais, pour bien profiter de ce genre de musée, une visite guidée, animée, semble indispensable. Aussi, pour les enfants, nous vous conseillons de venir en profitant des activités gratuites du mercredi et du samedi pour les visites-explorations ou les visites-ateliers (pour les 8-17 ans, téléphoner au préalable).

La préhistoire, la civilisation gallo-romaine et mérovingienne • Salle d'archéologie comparée • Reconstitution de la grotte de Lascaux • Expositions temporaires.
HORAIRES • De 9 h 45 à 12 h et de 13 h 30 à 17 h 15, sauf mardi • Téléphoner le jour même, des salles pouvant être fermées par manque de gardiens.
ACCÈS • RER : Saint-Germain-en-Laye • Bus : 158 A du pont de Neuilly • Voiture : N 13 à La Défense.
DOCUMENTATION • Guide-catalogue du musée : 27 F • Librairie avec des livres pour enfants.
ANIMATIONS • **Visite-exploration** pour les 10-13 ans certains mercredis et samedis. Gratuit. Téléphoner au musée ou au 42 60 39 26, poste 38 29. Il s'agit de recherches personnelles avec un dossier. Durée : 2 h (exemples : le guerrier gaulois, l'âge du bronze) • Pour les groupes, s'adresser au service d'action culturelle au poste 85. Gratuit pour les scolaires • Des visites approfondies faites par les conférenciers des musées nationaux ont lieu certains samedis à 14 h. Renseignements au 42 96 58 30 • **Atelier** pour les 10-13 ans, certains mercredis et samedis. Pas de réservation. Groupe limité à 30. Gratuit. Téléphoner au 42 60 39 26, poste 38 29. Il s'agit de manipulations pratiques de 2 h. Par exemple : maquette de la vie urbaine en Gaule romaine, art paléolithique : empreinte sur argile...
DÉTENTE • Le parc du château • La forêt de Saint-Germain-en-Laye.

MUSÉE DÉPARTEMENTAL DU PRIEURÉ MAURICE-DENIS

2 bis rue Maurice-Denis, 78100 Saint-Germain-en-Laye
Tél. 39 73 77 87

Vous êtes sans projet pour ce dimanche après-midi ?
C'est l'occasion de découvrir une charmante petite ville :
Saint-Germain-en-Laye, un peintre :
Maurice Denis, et une belle maison : le Prieuré !
Vous voilà comblé !

Il y avait à Saint-Germain un ancien hôpital créé pour les pauvres par la marquise de Montespan. Maurice Denis acquit en 1912 cette superbe demeure et sa beauté monacale lui inspira son nom : « Le Prieuré ». Il vous est aujourd'hui ouvert, ainsi que son parc qui descend en pente douce vers le fond de la vallée.

Il règne dans cette demeure une harmonie évidente. De plus (revenons au sujet de notre livre !), le Prieuré abrite un musée. Il a été conçu de manière chronologique pour que l'on puisse mieux saisir l'évolution de l'art symboliste de 1880 à 1945. Allez visiter aussi l'atelier où sont organisées des expositions temporaires et la chapelle, étonnante, que Maurice Denis décora dans le style religieux du début du XXe siècle.

L'œuvre de Maurice Denis (1870-1943), peintre, mais aussi des œuvres de ses amis et contemporains, symbolistes et nabis comme lui, exposées dans le Prieuré où il habita • Expositions temporaires (au rez-de-chaussée et dans l'atelier).

HORAIRES • De 10 h à 17 h 30 du mercredi au vendredi. De 10 h à 18 h 30 les samedi, dimanche et jours fériés.

ACCÈS • Voiture : N 13 ou autoroute de l'Ouest A 13 (2e sortie) et N 190 • RER : Saint-Germain-en-Laye • Autobus : 158.

TARIFS • 20 F. 1/2 tarif pour les 12-25 ans. Gratuit pour les moins de 12 ans.

DOCUMENTATION • Un dépliant sur le musée, bien fait et gratuit • De nombreux livres et belles cartes postales à la librairie du musée dans le hall d'entrée • Vidéos.

ANIMATIONS • Visites-conférences sur rendez-vous • Animations scolaires : Mlle Herlin, poste 404 • Groupes et conférences : Mme Gobrecht, poste 410.

DÉTENTE • Parc du Prieuré (1 ha avec des statues de Bourdelle et d'Étienne Martin).

MUSÉE NATIONAL DU CHÂTEAU DE VERSAILLES ET DES TRIANONS

Château de Versailles, 78000 Versailles
Tél. 39 50 58 32 et 39 50 00 20

A condition d'être proprement vêtu et de ne pas mendier dans les salons, Versailles est ouvert à tous ! Rassurez-vous, nous ne mettons pas en doute votre tenue vestimentaire ! Cette consigne s'adressait à tous les sujets de Louis XIV, car même les plus humbles pouvaient pénétrer dans le château royal (on louait épée et chapeau à la grille du château). C'était une tradition de la monarchie française. Essayez d'en faire autant à l'Élysée !

▲ ●●● ■■■

Suivant l'âge de vos enfants, vous appréhenderez Versailles de différentes façons.

Avec les moins de 8 ans, une priorité : le superbe parc dessiné par Lenôtre. Vous pouvez venir en voiture (entrée du parc dans le prolongement du boulevard de la Reine) pour atteindre facilement le hameau de la Reine (1/2 h au moins à pied du château), superbe en automne, qui est constitué de maisonnettes avec des toits de chaume réparties autour d'un étang. C'est là où Marie-Antoinette jouait à la fermière dans une véritable exploitation agricole. On ne peut pas rentrer dans ces maisons, mais la promenade dans ce lieu idyllique est à elle seule un grand bonheur.

D'autres lieux de promenade s'offrent à vous : le Grand Canal où l'on peut canoter en été, les allées proches du château avec les statues, les bosquets, les bassins : choisissez donc un jour où ont lieu les grandes eaux (voir Animations). Si vous ne pouvez résister à l'envie d'entrer dans le château, et je vous comprends, faites donc la visite libre : les grands appartements et la fameuse galerie des Glaces. Pour parsemer votre visite de petites anecdotes, achetez le fascicule sur *La Journée du roi* ou bien un guide du château.

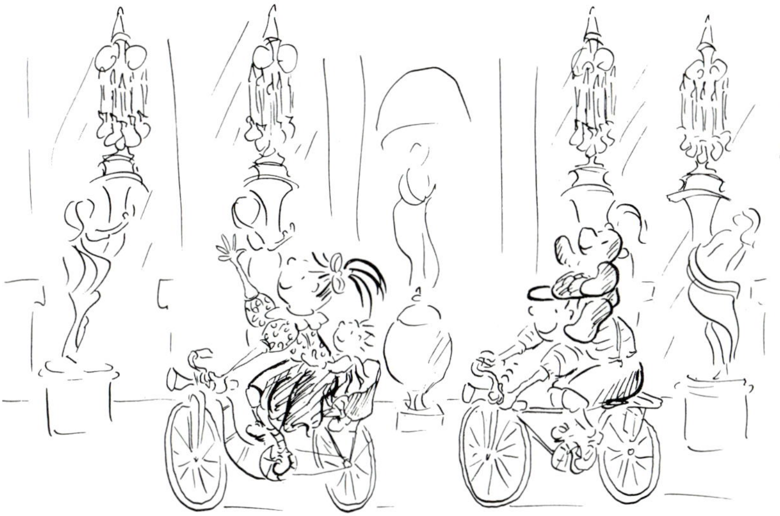

Avec les 8-13 ans, promenade familiale dans le parc, bien sûr, mais surtout les animations gratuites. Pendant qu'ils seront à un atelier sur l'alimentation au XVIIIe siècle (hum ! difficile après cela de faire des coquillettes pour dîner !), vous suivrez la visite des appartements de Mme de Pompadour qui part de la même entrée (B) à la même heure, ou bien vous visiterez le magnifique opéra (départ toutes les 10 mn), inauguré pour le mariage de Louis XVI et de Marie-Antoinette. Pour les éblouir totalement, venez de nuit assister à un feu d'artifice (voir Animations).

Dès qu'ils sont capables de suivre une conférence pour adultes, un large choix vous est proposé (voir Animations). Profitez-en, car voir la chambre du roi, c'est bien, c'est beau, mais apprendre que Louis XV quittait son lit douillet pour se coucher au matin dans le lit de la grande chambre de Louis XIV car la cérémonie du lever ne pouvait avoir lieu que dans cette pièce d'après l'étiquette... et bien d'autres anecdotes donneront à votre visite un intérêt nouveau.

• Pour éviter les touristes, venez d'octobre à Pâques.

• De grands projets planent sur Versailles : vaste parking souterrain sous la place d'Armes avec orientation immédiate des visiteurs, remise en marche de l'exploitation agricole, spectacles grandioses... Qu'en sera-t-il vraiment ?

Le château des rois de France, de Louis XIV à Louis XVI, avec • Les grands appartements du roi et de la reine • La galerie des Glaces • Les appartements de Mme de Maintenon • Les appartements de Mme du Barry et de Mme de Pompadour • Les appartements du roi • L'opéra • La chapelle • Les cabinets intérieurs de la reine et de la dauphine • Le musée d'Histoire de France (pour l'instant, essentiellement la galerie des Batailles) • Le Grand Trianon et le Petit Trianon (à 30 mn à pied du château) • Le hameau de la reine • Les jardins et les bosquets.

HORAIRES • **Château et Grand Trianon**. De 9 h 45 à 17 h, sauf lundi et jours fériés. Dans le château, certains appartements ne sont visibles qu'en visite guidée avec dernier départ à 15 h 30 (voir Animations) • **Petit Trianon**. De 14 h à 16 h ou 17 h, sauf lundi et jours fériés • Les salles du **musée d'Histoire de France** ne sont ouvertes que par roulement et lorsqu'il y a assez de personnel de surveillance, il est nécessaire de téléphoner au préalable, poste 316 • **Jardins**. Ouverts tous les jours du lever au coucher du soleil.

ACCÈS • Voiture : A 13, N 185 ou 186, N 10. Parking payant. Possibilité de rentrer en voiture dans le parc, entrée payante, parking gratuit • RER, ligne C : Versailles Rive-Gauche depuis Paris Invalides ou autobus 171 au pont de Sèvres • SNCF : Saint-Lazare-Versailles Rive-Droite, Montparnasse-Versailles Chantiers.

TARIFS • Tarif réduit le dimanche pour les 18-25 ans, les plus de 60 ans. Gratuit pour les moins de 18 ans • Château entrée C : les autres parties du château ne sont visibles qu'avec les conférenciers (voir plus bas), grand appartement du roi et de la reine, galerie des Glaces : 21 F. Tarif réduit : 11 F • Musée d'Histoire de France : 21 F. Tarif réduit : 11 F • Grand Trianon : 15 F. Tarif réduit : 8 F • Petit Trianon : 10 F. Tarif réduit : 5 F • Billet jumelé Grand et Petit Trianon : 18 F. Tarif réduit : 9 F.

DOCUMENTATION • Guides à tous les prix. Pour les enfants « La journée du roi au chateau de Versailles ». • Bureau d'information et audio-guides à l'entrée C.

ANIMATIONS • Bureau d'action culturelle : 39 50 00 20 • **Pour les 8-13 ans : animations gratuites**. Renseignements et programme : 42 60 39 26, poste 38 29. Les mercredi et samedi à 14 h, rendez-vous entrée B. Il n'est pas nécessaire de s'inscrire mais participants limités à 30.

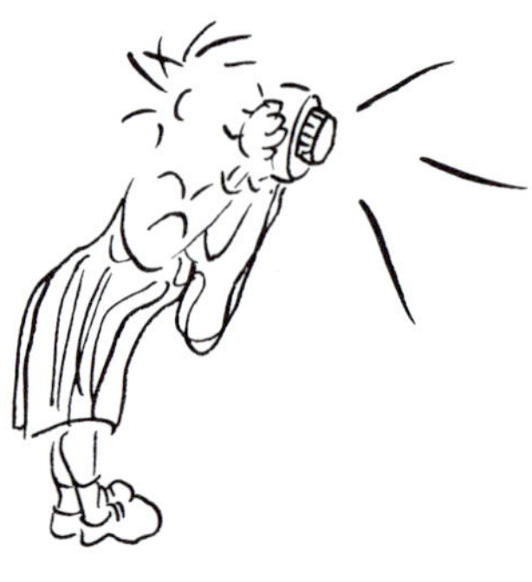

— Des **visites-animations** de 1 h 30 avec un conférencier, exemple : la journée du roi, l'empereur à Trianon... — Des **ateliers** de 2 h, exemple : la table et l'alimentation au XVIIe siècle, les meubles royaux au XVIIe siècle... — Des **visites-explorations** : recherche personnelle à l'aide d'un dossier pendant 2 h avec un conférencier, exemple : la découverte d'un jardin français, le domaine du Petit Trianon...

• **Pour tous :** Parties du château accessibles uniquement en **visites guidées**.

— Entrée A : appartement du roi et Opéra. Visite commentée : 1 h 30, suivie de la visite non commentée des grands appartements du roi et de la reine, de la galerie des Glaces. 1er départ : 9 h 45, dernier : 15 h 30 (toutes les 10 mn, 12 à 30 personnes). 31 F. 20 F pour les 13-18 ans. Gratuit pour les moins de 13 ans.

— Entrée B : 14 h, appartements de Mme de Pompadour et de Mme du Barry ou à 15 h 30 : cabinets intérieurs de la reine et de la dauphine, visite suivie de celle non commentée du grand appartement du roi et de la reine, et de la galerie des Glaces. 31 F. 20 F pour les 13-18 ans. Gratuit pour les moins de 13 ans.

• **Adultes : 1 h / un thème de 12 h 30 à 13 h 30** du mardi au vendredi avec un conférencier pour le prix d'une entrée au musée, exemple : la construction de Versailles, la famille royale au XVIIe siècle...

— Les **visites approfondies** à heure fixe, sans rendez-vous ni inscription préalables. Renseignements : Corinne Glénaz, 42 60 39 36, poste 37 44. — Le samedi à 14 h 30 (durée 2 h, entrée B), exemple : la lutte contre le froid à Versailles, le musée Louis-Philippe... — Le samedi à 9 h 45 et 14 h (entrée porte B, durée 1 h 30), exemple : la galerie des Glaces, le Petit Trianon...

— Les **Grandes et Petites Écuries du château**. Le 1er lundi de chaque mois à 14 h 30.

— Le **Potager du roi et le parc de Mme de Balbi**, 4 rue Hardy. Les 1er, 3e et 4e dimanches du mois à 10 h 30, les jours de grandes eaux, de mai à septembre.

— Un **circuit Louis XIV** organisé par l'Office du tourisme de Saint-Germain-en-Laye (34 51 05 12). C'est une journée de promenade autour du Roi-Soleil, avec la vie quotidienne au temps de Louis XIV, à Saint-Germain-en-Laye, Marly-le-Roi et Versailles, avec un conférencier de la CNMHS de 10 h à 17 h 45, 280 F (autocar, conférence, repas, entrées musées).

• L'Office du tourisme de Versailles (à 100 m du château, 7 rue des Réservoirs, tél. 39 50 36 22) organise avec la CNMHS des visites-conférences à travers la **vieille ville de Versailles**.

• **Spectacles**. De mai à octobre organisées par l'Office du tourisme. Programme : 39 50 36 22. — Grandes eaux musicales (avec ouvertures des bosquets au public de 15 h 30 à 17 h). Les 1er, 3e et dernier dimanches de chaque mois du 3 mai au 4 octobre, à 11 h 15 et 15 h 30. 14 F. — Fêtes de nuit (spectacle au bassin de Neptune, feux d'artifice). — Les jardins de Versailles aux lumières. — Messe à la chapelle le 1er dimanche de chaque mois à 17 h 30.

DÉTENTE • Le parc du château • Cafétéria (pas très agréable) dans le château • Un restaurant dans le parc : La Flottille. Tél. : 39 51 41 58.

MUSÉE DE L'AUTOMOBILE

Route de Plessis St-Père, 91160 Ballainvilliers
Tél. 64 54 81 33

Si vous êtes un vrai passionné de voitures, vous n'allez sûrement pas vous laisser décourager par l'aspect peu excitant de ce hangar au bord de la nationale. Car votre flair infaillible aura tout de suite senti qu'un véritable trésor est caché là !

FERMÉ

Que de voitures dans cette caverne d'Ali Baba ! Vous verrez des Jaguar surtout, mais aussi des Rolls et bien d'autres marques encore. S'il est vrai qu'elles ne sont pas toujours en parfait état, elles ont souvent une particularité qui les rend exceptionnelles : elles sont UNIQUES ! Tel le modèle inédit de la Jaguar de B. Bardot, ou la Rolls de Bokassa, ou encore la voiture de course qui a gagné Montlhéry en 1955. Souvenez-vous, c'était une Peugeot, bien sûr !

• A réserver aux passionnés de voitures.

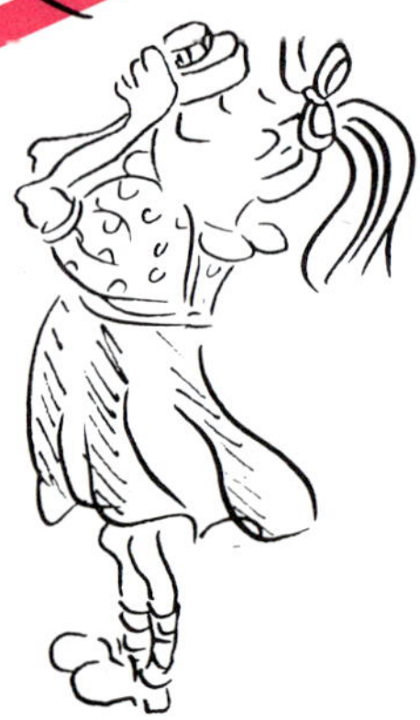

Collection de voitures.

HORAIRES • De 13 h à 18 h, sauf lundi et mardi. De 11 h à 19 h les samedi, dimanche et jours fériés.

ACCÈS • Voiture : N 20, sortie Ballainvilliers.

TARIFS • 25 F. 15 F pour les 7-15 ans. Gratuit pour les moins de 7 ans.

MUSÉE FRANÇAIS DE LA PHOTOGRAPHIE

78 rue de Paris, 91570 Bièvres
Tél. 69 41 10 60 ou 69 41 03 60

Envoyez-donc vos futurs Cartier-Bresson faire un tour au musée de la photographie à Bièvres (RER) ! En parents bien informés, dites-leur de choisir plutôt le 1er week-end de juin car c'est la fête : ateliers de prises de vue, foire aux appareils...

Le musée présente sa collection de façon chronologique (6 périodes de 1816 à nos jours). Les débuts de la photographie sont nettement plus développés que l'époque actuelle. Vous verrez beaucoup, beaucoup (beaucoup trop ?) d'appareils accompagnés de nombreuses explications, mais la présentation, un peu fouillis, laisse à désirer ! Il faudrait plus d'espace pour exposer, ou alors faire un choix parmi les appareils (cruel dilemme pour un spécialiste !). Une vitrine amusante est consacrée aux appareils d'espionnage.

Le premier week-end de juin, c'est la fête. Le samedi : fête des photographes au musée avec conférences et ateliers de prises de vue. Le dimanche : foire à la photo sur la place de la mairie.

• Le musée contrôle la mise au point de votre appareil au 1/100 de mm, tous les dimanches et lundis, sur rendez-vous.

L'histoire de la photographie depuis les précurseurs jusqu'à nos jours • Expositions temporaires (tous les mois).

HORAIRES • De 9 h à 12 h 30 et de 13 h 30 à 18 h.

ACCÈS • Voiture : N 306, porte de Châtillon, ou autoroute de Chartres à partir du pont de Sèvres. Parking • RER, avec changement à Versailles Chantiers.

TARIFS • 10 F. 5 F pour les enfants.

DOCUMENTATION • Petite librairie et fiches pédagogiques pour photographes débutants.

ANIMATIONS • Conférence sur rendez-vous : 200 F • Photo-club du val de Bièvres, 28 ter rue Gassendi, 75014 Paris, tél. 43 22 11 72.

DÉTENTE • Un jardin avec des canards et, de l'autre côté de l'autoroute, la forêt de Verrières.

Musée de la Sculpture en plein air

Faisanderie de Senart, 91450 Étiolles, Soisy-sur-Seine
Tél. 60 75 54 17

Bulldozers écologistes, amoureux d'espace et de nature, courez à la forêt de Senart... Et avant de suivre les empreintes de quelques biches apeurées, découvrez à la Faisanderie, dans un parc magnifique, des sculptures futuristes cachées entre les chênes et les sapins.

▲ ● ■

Vous allez arriver innocemment pour découvrir de magnifiques sculptures et vous vous retrouverez sans trop savoir comment loupe en main, sur des sentiers balisés, à la recherche de je ne sais quel oiseau... Alors autant vous prévenir tout de suite, la Faisanderie de Senart, c'est d'abord un centre d'information sur la forêt qui va vous permettre de ne plus rien ignorer des différentes essences d'arbres, des oiseaux, des animaux, et vous apprendre comment protéger la forêt. Mais surtout, que cela ne vous empêche pas de découvrir les sculptures : croyez-moi, les « arbres de béton » s'assimilent complètement à la beauté du cadre !

• Pensez à amener votre pique-nique !

Sculptures en plein air • 2 salles sur l'histoire de la forêt • Diaporama et promenades balisées dans les bois.

HORAIRES • De 14 h à 17 h, sauf mardi (14 h à 18 h du 1er avril au 30 septembre). Le week-end jusqu'à 19 h.

ACCÈS • Voiture : N 6, pyramide de Brunoy. Prendre route forestière diagonale. Fléchage pour le musée • Train : ligne Paris-Melun.

TARIFS • 4 F. Gratuit pour les moins de 12 ans • L'accès aux deux salles sur la forêt et au diaporama est gratuit.

DOCUMENTATION • Dépliant gratuit sur le centre d'information forestier • Petit livre sur l'exposition de sculpture : 5 F.

Collections Albert-Kahn

10 quai du 4-Septembre, 92100 Boulogne-Billancourt
Tél. 46 04 52 80

Jardins Albert-Kahn

1 rue des Abondances
Tél. 46 04 62 57

Les collections Albert-Kahn se trouvent dans un merveilleux jardin aux multiples facettes — japonais, français, anglais, forêt vosgienne, roseraie... — qui, à lui seul, vaut le déplacement, même pour les plus jeunes.

Les collections — archives de photographies et de films — ne sont accessibles que sur rendez-vous, mais des projections et des expositions sont faites régulièrement. Téléphonez pour avoir le programme.

N'y emmenez pas des enfants trop jeunes ; pour eux, vous pouvez (vous devez !) continuer la promenade jusqu'au fond du jardin où se trouve la maison de la Nature (gratuit). De très belles expositions, particulièrement adaptées aux enfants, y ont lieu.

• Vous pourrez assister à la cérémonie du thé le dimanche à 11 h 30 et à 14 h 30 (téléphonez au 46 04 62 57 pour vous en assurer).

• Il y a une petite aire de jeux pour les plus jeunes.

Immenses archives : photos et films sur la France et l'étranger de 1910 à 1931 • Jardins : reconstitution de jardins japonais, français, anglais...

HORAIRES • De 9 h 30 à 12 h 30 et de 14 h à 18 h de mi-mars à mi-novembre.

ACCÈS • Métro : Boulogne-Pont-de-Saint-Cloud • Bus : 52, 72, 431, 482.

TARIFS • Jardin : 3,60 F. Gratuit pour les moins de 6 ans.

DOCUMENTATION • Un bon petit guide du jardin pour 6 F seulement.

MUSÉE-JARDIN PAUL-LANDOWSKI

14 rue Max-Blondat, 92100 Boulogne-Billancourt
Tél. 46 05 82 69

Comme le musée est gratuit et à deux pas du bois de Boulogne, c'est l'occasion rêvée de voir la réaction de vos enfants devant une sculpture académique.

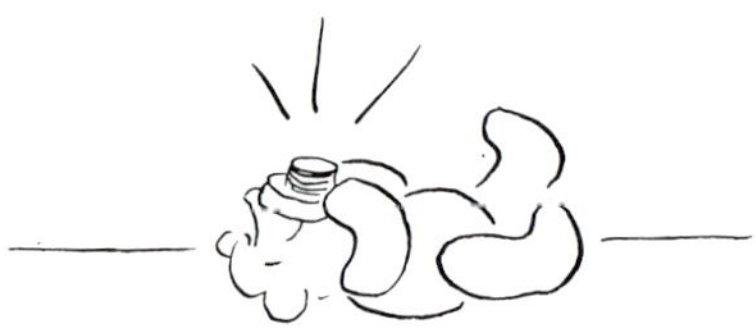

La visite sera rapide. Le musée-souterrain et son jardin ne sont pas très grands. Situé dans un agréable quartier résidentiel, il vous faudra d'ailleurs passer le long d'un petit immeuble pour le découvrir. Des fenêtres de leur cuisine, les heureux locataires peuvent apercevoir la statue qui obtint le premier grand prix de Rome !

A l'endroit où était son atelier, des œuvres du sculpteur Paul Landowski (1875-1961).

HORAIRES • De 10 h à 12 h et de 14 h à 17 h les mercredi et samedi.

ACCÈS • Métro : Boulogne Jean-Jaurès. • Bus : 52, arrêt Denfert-Rochereau.

TARIF • Gratuit.

DOCUMENTATION • Gratuite.

ANIMATIONS • Sur demande au musée.

DÉTENTE • Le bois de Boulogne.

Maison de la Nature

9 quai du 4-Septembre, 92100 Boulogne-Billancourt
Tél. 46 03 33 56

Vous avez de la chance, l'entrée est gratuite : calculez en effet qu'il vous faudra bien revenir trois ou quatre fois par an dans ce lieu formidable, c'est-à-dire autant de fois qu'il y a d'expositions. Et si vous n'y pensez plus, n'ayez crainte : vos enfants seront là pour vous le rappeler !

Un musée comme on les aime ! Passionnant, intelligent, instructif. Truffé d'attentions pour les enfants : jeux, questions, petits animaux... Impossible de vous dire ce que vous y verrez, l'exposition temporaire étant le principe du musée. Sachez de toute façon que vous serez comblés, vous comme vos enfants. Les différentes expositions que nous y avons vues (le monde sous la terre, les insectes, la pluie et le beau temps, les sociétés animales...) étaient tout particulièrement réussies. Il n'y a aucune raison pour que cela change. Venez-y de préférence quand le jardin Albert-Kahn est ouvert (voir p. 137). Vous pouvez en effet y accéder directement de la maison de la Nature (et réciproquement, entrée du jardin : 3,60 F). A voir absolument, et sans attendre, s'il vous plaît !

Expositions temporaires (2 à 6 mois) sur les aspects physiques, biologiques et humains de divers milieux naturels et urbains. Exemple : qu'y a-t-il sous nos pieds ? les insectes...
HORAIRES • De 9 h à 12 h 30 et de 14 h à 18 h.
ACCÈS • Métro : Boulogne-Pont-de-Saint-Cloud • Bus : 52, 72, 160, 175, 431, 482, arrêt Pont-de-Saint-Cloud, rive droite.
TARIF • Toutes les activités sont gratuites.
DOCUMENTATION • Un feuillet et une bibliographie sur l'exposition • Bibliothèque • Centre de documentation • Audiovisuels.
ANIMATIONS • Il n'y a rien de prévu à titre individuel, car tout au long de l'exposition votre enfant est sollicité par des maquettes animées, des montages audiovisuels, des jeux, des grands panneaux explicatifs • Atelier « Le potager », jardinage le mercredi. Se renseigner à la maison de la Nature ou à la mairie de Boulogne.
DÉTENTE • Les jardins Albert-Kahn, accès direct, de mi-mars à mi-novembre.

Musée Chateaubriand

87 rue Chateaubriand, « La Vallée aux loups », 92290 Châtenay-Malabry
Tél. 47 02 58 61. Renseignements : 47 02 08 62

Si François René de Chateaubriand est à votre programme ou si vous êtes un inconditionnel du romantisme, la Vallée aux loups va vous enchanter. Et peut-être trouverez-vous l'« Inspiration » en vous promenant parmi les cyprès chauves de Louisiane ou les magnolias...

Une maison où l'on rêve de s'installer avec un livre à la main, devant la fenêtre ouverte sur un parc à l'anglaise, une maison qui va vous faire revivre une époque : celle du romantisme avec ses meubles (vous verrez la méridienne de Mme Récamier, le salon de la duchesse de Berry), ses peintures, sa décoration, une maison où vous allez suivre pas à pas la vie agitée de Chateaubriand — littéraire, politique, amoureuse.

A la fin de la visite, après une promenade dans le parc dont il a planté lui-même les arbres, souvenir de ses voyages, nous avons eu envie de nous replonger dans ses livres ! N'est-ce pas le plus beau compliment ?

La maison où vécut Chateaubriand de 1807 à 1818. Il y rédigea : *Les Martyrs, Les Aventures du dernier Abencérage, L'Itinéraire de Paris à Jérusalem*, les premiers chapitres des *Mémoires*.

HORAIRES • De 10 h à 12 h et de 14 h à 18 h du mercredi au dimanche, du 1er avril au 30 septembre. De 13 h 30 à 16 h 30 du mercredi au dimanche, du 1er octobre au 31 mars. Le mardi est réservé aux groupes.

ACCÈS • Voiture : N 20 à la porte d'Orléans • RER : ligne B2, station Robinson • Bus 198 A au départ du RER.

TARIFS • 20 F. 1/2 tarif pour les 7-18 ans et les étudiants. Gratuit pour les moins de 7 ans • 10 F pour le parc seul.

DOCUMENTATION • Dépliant gratuit • Librairie • Bibliothèque consacrée à Chateaubriand au XIXe siècle, mais réservée aux chercheurs • Film sur la vie de Chateaubriand.

ANIMATIONS • La visite guidée est obligatoire et comprend la visite du château et la projection du film (durée 55 mn). Elle démarre toutes les 15 mn environ.

DÉTENTE • Le parc.

MUSÉE ROYBET-FOULD

178 boulevard Saint-Denis, 92400 Courbevoie
Tél. 43 33 30 73

Quel choc ! Voir nos poupées Barbie ou Peynet exposées — « poupées des années 60 » — à côté des poupées de nos grand-mères ! Une fois le coup de vieux assumé, vous pouvez continuer la visite...

▲ ● ■

Téléphonez d'abord au musée pour connaître le thème de l'exposition temporaire. C'est elle qui, *a priori*, intéressera le plus vos enfants, les maquettes des demeures disparues de la ville et les cartes postales s'adressant, elles, en priorité aux petits Courbevoisiens.

Après l'hommage rendu aux poupées de leurs vieux parents, grands-parents et ancêtres (pas vraiment mises en valeur malheureusement), les enfants profiteront du jardin public, agréable. Vélos, patins à roulettes et petits bateaux (il y a un bassin) y sont les bienvenus.

• Contournez le musée pour bien l'observer. C'est en effet le pavillon de Suède et de Norvège de l'Exposition universelle de 1878.

Une salle pour le sculpteur Carpeaux (1827-1875) • L'histoire de Courbevoie • Une salle « retour des cendres » de Napoléon Ier • Deux salles pour les poupées anciennes • Expositions temporaires.

HORAIRES • De 14 h à 18 h les mercredi, jeudi, samedi, dimanche et jours fériés.

ACCÈS • Voiture : N 13, N 192 • Métro : Pont-de-Levallois • Bus : 175, arrêt Franklin • RER : ligne A, La Défense, puis bus 344, arrêt J. Mermoz • SNCF : Saint-Lazare - Bécon-les-Bruyères.

TARIF • Gratuit.

DOCUMENTATION • Gratuite, sur l'histoire de Courbevoie • Une bibliothèque ouverte le mercredi • Centre de recherche sur la poupée ancienne • Poupées en carton à découper.

ANIMATIONS • Sur demande au musée.

DÉTENTE • Le parc de Bécon où se trouve le musée.

Musée municipal d'Issy-les-Moulineaux

16 rue Auguste-Gervais, 92130
Tél. 46 45 21 70

Difficile de vous dire ce que vous verrez au musée d'Issy, car les expositions sont toutes temporaires. En revanche, nous savons qu'elles sont bien faites, intelligentes et attrayantes. Pour savoir si l'exposition du moment intéresse les enfants, téléphonez donc à la conservatrice, qui vous conseillera aimablement.

Nous avons vu notamment une exposition sur les cartes à jouer, qui était superbe, bien construite, avec des tas d'intentions amusantes pour les enfants, et, merveille des merveilles, des petits bancs pour que nos chérubins soient à la bonne hauteur devant les vitrines ! C'est, hélas ! assez rare pour mériter d'être souligné !

Parents de petits Issisois, vous devez absolument leur faire découvrir le musée de leur ville qui, de plus, est gratuit !

Expositions temporaires (par exemple, les jeux de cartes).

HORAIRES • De 10 h à 12 h et de 14 h à 18 h, pendant les expositions uniquement.

ACCÈS • Métro : ligne 12, station Mairie-d'Issy • SNCF : Invalides, vers Issy-Plaine • Bus : 123, 169, 190 A, 190 B, 323, 126, 189, arrêt Corentin-Celton.

TARIF • Gratuit.

DOCUMENTATION • Pas nécessaire, car il y a de nombreux panneaux explicatifs. Des jeux-parcours superbes sont distribués aux scolaires et, si l'exposition touche à sa fin, on les distribue aussi aux visiteurs individuels • Audiovisuel.

ANIMATIONS • Des animations et des visites guidées ont lieu. Téléphoner au musée.

DÉTENTE • Un peu plus loin, le parc de l'Ile-Saint-Germain sur la Seine.

MUSÉE DES APPLICATIONS DE LA RECHERCHE

3 boulevard Raymond-Poincaré, 92430 Marnes-la-Coquette
Tél. 47 01 15 97

Quelle est la différence entre un virus, une bactérie et un parasite ? Comment, vous ne savez pas ? Qu'expliquez-vous alors à vos enfants lorsqu'ils se font vacciner ? Et ne pensez surtout pas que seules sept années de médecine vous donneront la clé de ce problème, pas du tout ! A l'Institut Pasteur, en 1 h de temps, vous aurez tout compris.

Mme Lesieur est fantastique, elle vous explique la vaccination d'une façon si simple que vous avez l'impression d'avoir toujours tout compris. Vous allez découvrir grâce à elle l'histoire de ce pavillon donné à Pasteur pour qu'il puisse continuer ses recherches sur les animaux, ses premières découvertes, celles de ses associés... et les travaux encore effectués aujourd'hui dans cet institut pour combattre maladies et virus. C'est pour cette partie d'ailleurs que nous avons exclu les 8-12 ans : des photos assez impressionnantes des maladies d'aujourd'hui sont exposées et peuvent choquer. De toute façon en sortant, après avoir été en « contact » avec toutes ces maladies, vous aurez envie de vous laver les mains ! Pour finir la visite, allez-vous promener au parc de Villeneuve-l'Étang. Il est fantastique.

• Le film projeté est vraiment réservé aux spécialistes.

• Visiter aussi le musée Pasteur, 25 rue du Docteur-Roux, 75015 Paris (voir p. 89).

Ce musée retrace l'histoire de la lutte contre les maladies infectieuses, de Pasteur à nos jours.
HORAIRES • De 14 h à 18 h sauf août, week-end et jours fériés. De 14 h à 17 h 30 le vendredi.
ACCÈS • Voiture : autoroute de l'Ouest, 1re sortie Versailles, prendre tout de suite à droite, puis le boulevard Raymond-Poincaré sur la droite • Train : gare Saint-Lazare, station Marnes-la-Coquette. En sortant de la gare, une entrée du musée est prévue au 3 avenue Pasteur.
TARIFS • 15 F. 8 F pour les étudiants • Groupes sur rendez-vous : 10 F pour les adultes, 5 F pour les enfants.
ANIMATIONS • Pas de visite guidée, mais Mme Lesieur est toute prête à vous faire découvrir le musée.
DÉTENTE • Parc de Villeneuve-l'Étang.

Musée d'Art et d'Histoire de Meudon

11 rue des Pierres, 92190 Meudon
Tél. 45 34 75 19, poste 427 (mairie)

Vous n'êtes pas loin de Versailles, donc de Louis XIV, donc de Molière... et donc d'Armande Béjart. Cette magnifique demeure qui lui a appartenu est devenue le musée de la ville de Meudon. Promenez-vous dans les bois et, tant que le loup y sera, allez faire un tour au musée ! Il est gratuit.

Pour les plus jeunes, priorité aux sculptures du charmant jardin. Emmenez-les visiter la maison, qui contient des peintures et des sculptures vraiment intéressantes. Les plus grands, surtout s'ils habitent Meudon, seront intéressés par le passé de leur ville : le château disparu, le vignoble, les carrières, la verrerie, la blanchisserie, l'observatoire et les établissements aérostatiques de Chalais.

• L'observatoire de Meudon se trouve à deux pas du musée, place Janssen : 45 34 75 30. Il est possible de le visiter le 2e samedi de chaque mois (fermé du 1er juillet au 1er octobre). 6 F. 4 F pour les enfants. On vous proposera un diaporama général sur l'astronomie, une visite et un exposé sur les instruments.

Dans cette demeure classée du XVIIe siècle (ayant appartenu à Armande Béjart) est évoqué le passé de Meudon. On y trouve aussi de nombreuses œuvres d'artistes (peintres, sculpteurs) y ayant vécu ou travaillé • Expositions temporaires sur l'art contemporain ou l'histoire de Meudon • Musée en cours de transformation pour agrandissement.

HORAIRES • De 14 h à 18 h, sauf lundi et mardi.

ACCÈS • RER : ligne C, Montparnasse-Meudon • Bus : 136, 169 • SNCF : Invalides-Meudon Val-Fleury.

TARIF • Gratuit.

DOCUMENTATION • Centre de documentation sur l'histoire de Meudon.

ANIMATIONS • Visite guidée sur demande 15 jours à l'avance.

DÉTENTE • Jardin du musée (1 ha) • Bois de Meudon • Bois de Clamart.

Musée national Auguste-Rodin

Villa des Brillants, 19 avenue Auguste-Rodin, 92190 Meudon
Tél. 45 34 13 09

C'est ici que le sculpteur Rodin a choisi de venir finir sa vie ; vous y verrez donc, outre de nombreux plâtres gigantesques, sa maison, son atelier, son jardin et sa tombe !

Le musée, agréable, est perdu parmi les pavillons de banlieue. La maison n'a pas un grand intérêt mais le jardin est plaisant — les enfants peuvent y courir —, et surtout, dans une très vaste salle d'exposition, vous verrez les grandes et célèbres œuvres du sculpteur, en plâtre. Comme l'accès du musée est malgré tout un peu difficile, à moins d'être un fanatique de Rodin, vous pouvez vous limiter au musée de la rue de Varenne. Voici une solution sympathique : faites d'une pierre deux coups en profitant de la navette qui part du musée Rodin de Paris (voir Accès).

Les plâtres du sculpteur Rodin (1840-1917) : *Porte de l'enfer*, *Les Bourgeois de Calais*, *Balzac*, *Hugo*..., et aussi sa maison, son atelier, son jardin, sa tombe.

HORAIRES • De 13 h 30 à 19 h les samedi, dimanche et lundi du 26 avril au 29 septembre.

ACCÈS • RER : ligne C, arrêt Meudon Val-Fleury, puis bus 169, arrêt Paul-Bert • Métro : Mairie d'Issy, puis bus 190, arrêt Hôpital militaire • Un bon moyen pour venir : la navette qui de mai à septembre vous prend au musée Rodin rue de Varenne à Paris (samedi, dimanche et lundi, départ 13 h 30 et 16 h 10. Tarif aller-retour : 14 F).

TARIF • 6 F.

DÉTENTE • Jardin de la villa • Le bois de Meudon et le parc de l'Ile-Saint-Germain ne sont pas très loin.

Musées nationaux des châteaux de Malmaison et Bois-Préau

Château de Malmaison, avenue du Château, 92500 Rueil-Malmaison
Tél. 47 40 20 07
Château de Bois-Préau,
1 avenue de l'Impératrice-Joséphine, 92500 Rueil-Malmaison

Joséphine de Beauharnais était tellement folle du château de la Malmaison qu'elle acquit de nombreux domaines tout autour. Ils lui permettaient d'atteindre Paris sans sortir de son domaine ! La propriété s'est naturellement rétrécie, mais il reste deux beaux parcs autour des deux châteaux-musées consacrés à Napoléon.

● ■■

Le système strict des visites guidées ne vous permettra pas d'emmener facilement de jeunes enfants. C'est dommage, car le grand parc de Bois-Préau est très agréable pour les pique-niques et le vélo. Si vous venez à deux adultes, l'un peut se promener avec les plus jeunes et l'autre peut participer avec les plus grands à une visite guidée. Les deux châteaux étant très proches, nous vous conseillons de choisir celle de Malmaison, qui est attrayante. De plus, c'est là qu'habitait l'empereur. Réservons la visite de Bois-Préau aux fanatiques de Napoléon qui ne manqueront pas d'être émus par les chaussettes ou le fameux chapeau de l'empereur.

Château de Malmaison : appartements historiques de Joséphine de Beauharnais et de Napoléon. Meubles, souvenirs, tableaux. Château de Bois-Préau : souvenirs de Sainte-Hélène, retour des cendres, légende napoléonienne.

HORAIRES • De 10 h à 12 h 30 et de 13 h 30 à 17 h 30 (17 h en hiver), sauf mardi • Départ de la dernière visite : 12 h et 16 h 50.

ACCÈS • Voiture : N 13 à La Défense. Parking commun aux deux châteaux • RER : ligne A, station Défense, puis autobus 158 A.

TARIFS • 20 F. 1/2 tarif pour les enfants • Pour Bois-Préau uniquement : 10 F.

DOCUMENTATION • Petit guide sur le château de Malmaison : 7 F.

ANIMATIONS • Visites guidées obligatoires dans les deux châteaux, les départs sont fréquents • Possibilité de visites plus courtes pour enfants en téléphonant à l'avance, uniquement pour Malmaison.

DÉTENTE • Le grand jardin de Malmaison • Le parc de Bois-Préau.

MUSÉE HISTORIQUE DU DOMAINE NATIONAL DE SAINT-CLOUD

Parc de Saint-Cloud, grille d'honneur, 92210 Saint-Cloud
Tél. 46 02 70 01

Voici un petit musée sympathique, qui évoque le château disparu du parc de Saint-Cloud, où vous irez naturellement vous promener après la visite. Venez le 2ᵉ ou le 4ᵉ dimanche de chaque mois (de mai à septembre), car de 16 h à 17 h vous pourrez admirer les grandes eaux. Les réservoirs, situés à Ville-d'Avray, se vident en 1 h !

Pour cette rencontre avec les Clodoaldiens (habitants de Saint-Cloud), choisissez une belle journée, car la visite du musée est indissociable de celle du parc, superbe, dessiné par Lenôtre.

Le musée, petit, est sympathique, mais ne propose que des reproductions. Cependant, c'est intéressant, car l'histoire du château de Saint-Cloud, qui appartenait à Monsieur, frère du roi, est aussi une page de l'histoire de France. On y voit la succession des régimes, les guerres — notamment celle de 1870, qui lui valut sa destruction.

- Photographies interdites.

Musée historique du château disparu en 1870 • 2 petites salles avec reproductions, maquettes, audiovisuel • Jardins de Lenôtre.

HORAIRES • De 14 h à 18 h, sauf lundi, mardi, vendredi • Parc : de 7 h à 20 h tous les jours (22 h du 1er mai au 31 août).

ACCÈS • Voiture : pont de Saint-Cloud. Nombreux parkings. 10 F pour l'entrée du véhicule dans le parc • Métro : Porte-de-Saint-Cloud, puis bus : 72, 175, 482. Ou Pont-de-Sèvres, puis bus : 160, 171, 179, 431 • SNCF : gare Saint-Lazare, direction Saint-Cloud • Bus : 52, 72, 175, 160.

TARIF • Gratuit.

DOCUMENTATION • 18 F le livret sur le domaine national de Saint-Cloud.

ANIMATIONS • Musée + parc, renseignements à la CNMHS : 48 87 24 14, ou Mme Schmidt : 45 66 57 89.

DÉTENTE • Parc de Saint-Cloud • Restaurants et buvettes • Pique-niques possibles.

MUSÉE DE L'ILE-DE-FRANCE

Château de Sceaux, 92330 Sceaux
Tél. 46 61 06 71

« Allô, allô ! musée bleu... » Voici un numéro de téléphone à communiquer à vos grands enfants... Avec la dynamique équipe d'animation du musée de Sceaux, ils feront (avec vous peut-être) des promenades guidées dans le parc et des visites à thèmes, ils participeront à des débats ; tout cela dans le cadre agréable du château de Sceaux et de son parc.

Pour connaître le passé de la ville de Paris, vous avez le musée Carnavalet, mais pour la région parisienne c'est le musée de l'Ile-de-France, situé dans le château de Sceaux. Une dynamique équipe d'animation propose des activités formidables aux enfants... des écoles ! Qu'on leur donne donc des moyens pour que des visites puissent aussi être proposées aux enfants venant individuellement !

En attendant, pour les plus jeunes, 4-12 ans, à vous de jouer ! L'entrée étant d'un prix modique, surtout le dimanche, faites un petit tour au musée et un grand tour dans le parc !

Les salles les plus attrayantes pour les enfants se trouvent au rez-de-chaussé — les Hauts-de-Seine, avec de belles maquettes — et au sous-sol. Vous apprendrez que Le Plessis-Robinson tire son nom des guinguettes qui furent construites au début du siècle dans les arbres, « à la Robinson » !

Allez naturellement voir ce qui concerne votre ville, mais n'essayez pas de tout visiter, vous auriez une indigestion !

Pour les plus grands, n'hésitez pas à participer aux activités du « musée bleu » (voir plus bas) et pensez aux expositions temporaires dans l'Orangerie.

• Le musée dispose d'un salon de repos où vous trouverez de la documentation sur les manifestations culturelles d'Ile-de-France (et un distributeur de boissons).

Musée régional qui retrace l'histoire et l'évolution de la région d'Ile-de-France (2 000 communes), grâce aux peintures, aquarelles, dessins, estampes, maquettes... • Une salle Dunoyer de Segonzac • Une salle Fautrier • Expositions temporaires à l'Orangerie.

HORAIRES • De 10 h à 12 h et de 14 h à 17 h (18 h l'été) les mercredi, jeudi, samedi et dimanche. De 14 h à 17 h (18 h l'été) les lundi et vendredi.

ACCÈS • Voiture : N 20. Parking • RER : ligne B, Parc-de-Sceaux, Bourg-la-Reine, Sceaux • Bus : 179, 188, 192, 197, 297.

TARIFS • 6 F. 1/2 tarif le dimanche et pour les étudiants. Gratuit pour les moins de 16 ans.

DOCUMENTATION • Différents guides à tous les prix (à partir de 10 F) • Nombreux ouvrages sur l'Ile-de-France à la librairie, même des cartes routières • Un plan-dépliant du musée gratuit.

ANIMATIONS • Le « musée vert » propose des visites et des animations formidables aux groupes scolaires • Pour les plus grands et les adultes : « Allô ! musée bleu » (46 61 06 71) vous invite à des promenades guidées dans le parc, des visites à thèmes, des projections de diapositives, des débats...

DÉTENTE • Le parc du château • Cafétéria dans l'Orangerie les mercredi, samedi, dimanche, et pendant les expositions.

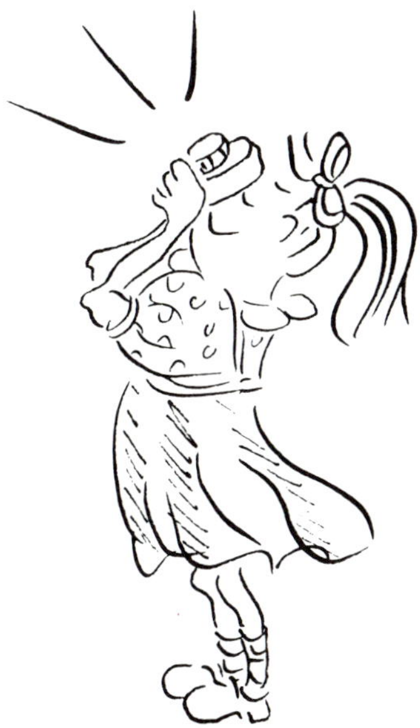

Musée national de Céramique de Sèvres

Place de la Manufacture, 92310 Sèvres
Tél. 45 34 99 05

Pas de panique, vos enfants ne casseront rien : la direction a prévu des vitrines pour protéger les objets et les salles sont très spacieuses. Alors en avant ! Ce n'est pas ici que vos chérubins vous rééditeront l'histoire de l'éléphant dans un magasin de porcelaine.

▲ ● ■

Soyons franches, ce musée a bien failli passer aux oubliettes de notre guide. Mais son emplacement — le long du parc de Saint-Cloud — et la bonne idée qu'a le conservateur de faire distribuer aux enfants un feuillet-jeu nous ont fourni deux bonnes raisons de l'y intégrer. Et quand l'orage aussi stupide qu'imprévu viendra menacer de gâcher votre après-midi au parc, vous direz : « Entracte culturel, on va au musée ! »

Un questionnaire sera remis à vos enfants, qui devront retrouver, dans les céramiques de la dernière salle, les décors dessinés sur le dépliant. Vous pourrez en plus leur proposer de reconnaître les différents animaux qui ornent les assiettes et même leur apprendre à compter : combien y a-t-il de statues de la Vierge Marie ? Les doigts de vos six mains n'y suffiront pas !

Si, en revanche, vous voulez expliquer aux plus âgés ce qu'est la porcelaine tendre ou un biscuit, un conseil : achetez le guide.

Faïences et porcelaines du monde entier.
HORAIRES • De 10 h à 12 h et de 13 h 30 à 17 h 15, sauf mardi.
ACCÈS • Voiture : Pont-de-Sèvres. Parking • Métro : Pont-de-Sèvres • Bus : 169, 171, 179.
TARIFS • 15 F. 8 F pour les 18-25 ans. Gratuit pour les moins de 18 ans. 8 F le dimanche.
DOCUMENTATION • Petit guide : 7 F • **Parcours-jeu** pour les 5-9 ans les mercredi, samedi, dimanche.
ANIMATIONS • Visites-conférences pour enfants, renseignements poste 18, les lundi, mardi, jeudi, vendredi : 300 F • Visites approfondies le vendredi à 14 h 15 (1 à 2 fois par mois) • Présentation générale des collections un lundi par mois à 14 h 15.
DÉTENTE • Le parc de Saint-Cloud • Restaurants et buvettes.

Musée Colombophile

8e Rt., Fort du Mont-Valérien, 92151 Suresnes
Tél. 47 72 92 18, poste 763 ou 778

A qui doit-on l'un des plus beaux coups de Bourse de l'histoire? A un pigeon voyageur qui vint annoncer à M. de Rothschild la défaite de Napoléon à Waterloo, 3 jours avant tout le monde!

Comment transporte-t-on aujourd'hui les échantillons sanguins des malades dans la région d'Avranches? Oui, oui, par pigeon voyageur.

Qui annonçait à tous les Grecs le résultat des jeux Olympiques? Encore eux, ces coursiers ailés capables d'abattre 1 000 kilomètres en une journée, de naviguer entre les bombes, par temps de brouillard et même de nuit, pour porter un message.

D'accord, le musée colombophile de Suresnes ne reçoit que les groupes; simple question d'organisation : vous en parlez dans votre école, dans votre collège, et le tour est joué!

Autre solution, vous appelez le conservateur du musée René Sordes (47 72 38 04), qui organise très régulièrement pour les individuels des visites du mont Valérien et donc celle du musée Colombophile. Alors, pas question de ne pas y aller! Vous y verrez un film spécialement créé pour les enfants sur l'histoire et les utilisations actuelles du pigeon. Vous y rencontrerez l'adjudant-chef Fauvez, responsable du Colombier militaire national, qui communique sa passion avec tant de compétence et de gentillesse. Et vous découvrirez dans les six colombiers ces véritables athlètes, soignés, éduqués et entraînés comme tels, que sont les pigeons voyageurs.

A propos, vous connaissez la différence entre un pigeon voyageur et un vulgaire pigeon? « A peu près la même qu'entre un cheval de trait et un cheval de course », *dixit* l'adjudant-chef Fauvez.

L'histoire du pigeon-voyageur de l'Antiquité à nos jours, et le sport colombophile. Visite des six colombiers, contenant une centaine d'animaux • Film vidéo.
HORAIRES • De 9 h à 11 h et de 14 h à 17 h tous les jours, sur rendez-vous uniquement.
ACCÈS • SNCF : Saint-Lazare - gare de Suresnes • Bus : 160, 360.
TARIF • Gratuit.
DOCUMENTATION • Un feuillet gratuit sur le pigeon voyageur.
ANIMATIONS • La visite est obligatoirement guidée, sa durée varie suivant votre demande et l'âge des enfants.

MUSÉE DE L'AIR ET DE L'ESPACE

Aéroport du Bourget, 93350
Tél. 48 35 99 99

Vous allez voir de près plus de 150 vrais avions, vous rendez-vous compte ? Le Bréguet XIX Grand Raid, qui traversa le premier l'Atlantique Sud, mais aussi, par exemple, un Mirage FI en Plexiglas (ce qui permet de voir les équipements intérieurs)... Et ces avions ne sont pas tout bêtement posés par terre, mais souvent accrochés savamment dans les airs ! Comme tout cela prend beaucoup de place, c'est l'un des plus grands musées aéronautiques au monde ; il est installé dans d'anciens hangars d'aviation.

N'entrez pas par la première porte, c'est la fin de la visite — la conquête de l'espace ! Remontez le long des hangars, jusqu'à l'entrée A où se situe le début de l'aéronautique.

Sur votre trajet, à l'extérieur, se trouve un des premiers Concorde, dans lequel votre petit dernier sera enchanté de monter. D'accord, l'avion ne s'envolera pas et l'intérieur est un peu vide, mais c'est quand même moins cher qu'un aller Paris-New York !

Les petits pourront aussi, tout au long de la visite, assister à un diaporama, bien calés dans un fauteuil d'avion, voir de près une cabine de pilotage, admirer des hélicoptères, presque toucher du doigt la voiture qui roula sur la Lune...

Avec eux la visite sera plus courte, car ils ne pourront s'intéresser facilement aux nombreux panneaux explicatifs sur les thèmes les plus variés. Plus ils vieilliront, plus la visite sera longue ; il y a de nombreux films, mais si vous souhaitez faire une visite générale rapide, achetez le guide qui situe les pièces essentielles à voir dans chaque hall, grâce à un plan.

• A l'entrée, il y a un distributeur de boissons et de gâteaux. A quand le self-service ? Cela serait formidable si l'on pouvait avoir un plateau-repas « comme dans l'avion », avec sachets de sel et poivre, couverts emballés... Une idée à soumettre au musée grâce à des petites feuilles qui vous permettent de faire des suggestions et de donner votre adresse pour être tenu au courant des activités !

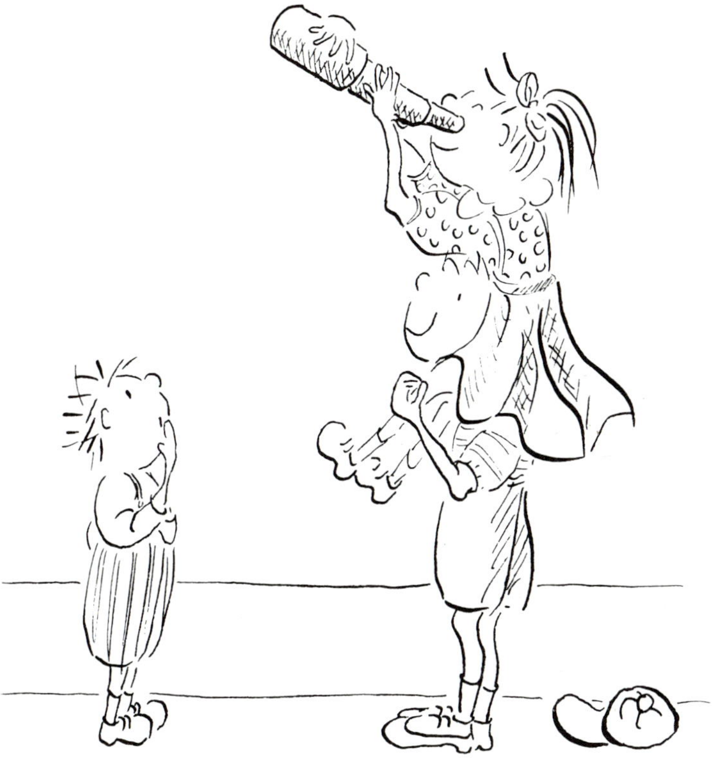

L'histoire de la conquête du ciel de 1919 à nos jours, grâce à plus de 150 appareils originaux, 200 maquettes, 35 satellites et lanceurs, 5 salles de cinéma et de nombreux audiovisuels, 3 grands diaporamas, 800 photos • Bibliothèque et centre de documentation, le vendredi • Planétarium pour groupes uniquement, sur rendez-vous.

HORAIRES • De 10 h à 17 h (18 h du 1er mai au 31 octobre), sauf lundi. Fermé le 25 décembre et le 1er janvier.

ACCÈS • Voiture : autoroute A 1, sortie 5, chercher la tête rouge de la fusée Ariane. N 2. Parking gratuit • Bus : 152, 350.

TARIFS • 10 F. 7 F pour les étudiants. Gratuit pour les moins de 8 ans.

DOCUMENTATION • Un guide général très utile pour 10 F • Librairie spécialisée.

ANIMATIONS • Contacter le service pédagogique au poste 422.

Musée d'Art et d'Histoire de Saint-Denis

22 bis rue Gabriel-Péri, 93200 Saint-Denis
Tél. 42 43 05 10

Attention, votre rejeton arrive à l'âge du qui suis-je, d'où viens-je, où vais-je ? C'est la période de la grande remise en cause, des premières révoltes, l'âge où l'on devient soit curé soit révolutionnaire. Quel que soit son choix, voilà le musée qui lui convient. D'un côté les carmélites, de l'autre les communards !

Le musée est situé dans un ancien carmel dont la belle architecture a été mise en valeur.

Au 1er étage, dans l'ancien dortoir du Sacré-Cœur, l'évocation — grâce à de nombreux tableaux, sculptures, objets — de la vie des carmélites. On a reconstitué une cellule, celle de Louise de France, huitième fille de Louis XV, à qui son père, très pieux, venait souvent rendre visite. De plus on vous proposera, même si vous êtes seul, un audiovisuel très bien fait sur les carmélites.

Au 2e étage, l'une des plus considérables collections sur la Commune de Paris de 1871 : 10 000 peintures, dessins, estampes, affiches, photos et objets. Un film de 25 mn vous rappellera les événements que vous aviez peut-être oubliés.

• Vous êtes à Saint-Denis, visitez la basilique où se trouvent les tombeaux des rois de France, chefs-d'œuvre de la sculpture du Moyen Age et de la Renaissance.

Dans l'ancien carmel de Saint-Denis, fondé en 1625, quatre départements : • L'archéologie médiévale • L'histoire du Carmel • Une évocation de l'hôtel-Dieu (apothicairerie) • La Commune de Paris (1871) • 2 salles : Saint-Denis vu par les peintres, et Albert André, peintre postimpressionniste • Expositions temporaires • Audiovisuel, film.
HORAIRES • De 10 h à 17 h 30, sauf mardi. De 14 h à 18 h 30 le dimanche.
ACCÈS • Voiture : autoroute A 1 • RATP : ligne 13, station : Saint-Denis - Porte-de-Paris • Bus : 155, 156, 170, 178 • SNCF : gare du Nord - Saint-Denis.
TARIFS • 12,40 F. Tarif réduit : 8 F. Gratuit pour les moins de 16 ans.
DOCUMENTATION • Catalogue prêté gratuitement pour la salle d'archéologie • Centre de documentation ouvert aux chercheurs sur l'histoire de Saint-Denis, la Commune de Paris, Éluard et le surréalisme • Film sur la Commune (25 mn) et audiovisuel sur les carmélites.
ANIMATIONS • Par la CNMHS le dimanche à 16 h. 19 F. Tarif réduit : 17 F. Le samedi sous réserve, téléphoner au 42 43 05 10.
DÉTENTE • Le parc de la Légion d'honneur (tout près).

Musée napoléonien du château de Grosbois

Domaine de Grosbois, 94470 Boissy-Saint-Léger
Tél. 45 69 03 47

Pourquoi ne pas profiter d'un dimanche ensoleillé pour partir à la découverte du domaine de Grosbois ? Bon, il est vrai que le musée n'est pas passionnant, mais n'est-ce pas toujours agréable, après une belle promenade en forêt, de finir la journée par la visite d'un magnifique château ?

« Vous êtes dans le château du maréchal d'empire Berthier construit en 1580 sous le règne de Louis XIII et... », mais nous arrêterons ici le travail de la conférencière pour vous donner nos impressions. La visite est longue et ne présente pas d'intérêt majeur. Mais la décoration et l'ameublement du château méritent votre attention. Beaucoup de meubles, de périodes très mélangées d'ailleurs ; une magnifique galerie des Batailles où toutes les peintures représentent les victoires de l'empereur ; la bibliothèque du maréchal... Ah ! un petit conseil : n'oubliez surtout pas en prenant votre billet à l'entrée de vous renseigner sur les horaires des visites ! Cela vous évitera d'attendre 45 mn que l'animateur en ait fini avec le groupe précédent !

Le cadre de vie et les souvenirs de Berthier, maréchal d'empire.

HORAIRES • De 14 h à 17 h 30 le dimanche (18 h en été).

ACCÈS • Voiture : N 19, sortie Boissy-Saint-Léger • RER : Boissy-Saint-Léger.

TARIFS • 10 F. Gratuit pour les moins de 6 ans.

DOCUMENTATION • 25 F.

ANIMATIONS • La visite guidée est obligatoire et dure environ 1 h.

DÉTENTE • Le bois de Grosbois.

Musée de la Résistance nationale

88 avenue Max-Dormoy, 94500 Champigny-sur-Marne
Tél. 48 81 00 80

Ici Londres... Les Français parlent aux Français... Bien caché dans une salle de ce musée, devant un vieux poste de TSF, vous écouterez la voix du général de Gaulle, brouillée par les forces ennemies, appeler tous les Français à la Résistance nationale !

Aucun cours d'histoire ne vous fera revivre cette époque aussi bien que ce musée. Aucun professeur (ou presque !) ne vous expliquera d'une façon aussi simple la montée du nazisme, l'arrivée du Front populaire, l'éclatement de la guerre, la Résistance et la collaboration... Salle par salle, film par film, vous vibrerez en écoutant les discours politiques, vous serez horrifié en regardant les campagnes de presse et la propagande primaire. Vous verrez la Résistance s'organiser, et c'est les larmes aux yeux que vous assisterez en direct à la libération de Paris. Rien n'a été caché, ni les horreurs de la guerre, ni celles de la victoire (femmes tondues, fusillades sommaires...).

Un jardin plein de paix vous attend à la sortie du musée. Prenez le temps de vous y asseoir pour vous remettre de toutes ces émotions.

• Plein de paix... Pas pour longtemps, car il est question d'y reconstituer le déraillement d'un train !

La Résistance française pendant la guerre de 1939-1945.
HORAIRES • De 10 h à 17 h 30, sauf mardi. De 14 h à 17 h 30 les dimanche et jours fériés.
ACCÈS • Voiture : autoroute A 4, sortie Champigny, puis N 4 • RER : ligne Boissy - Saint-Léger, station Champigny - Saint-Maur, puis bus 208, station Musée de la Résistance.
TARIFS • 15 F. 7,50 F pour les étudiants. Gratuit pour les moins de 18 ans.
DOCUMENTATION • Un petit livret gratuit à l'entrée.
AUDIOVISUEL • Pour chaque période de la Résistance évoquée, un film ou un diaporama peut être mis en route.
ANIMATIONS • Visites guidées pour les groupes sur rendez-vous. La visite est faite soit par un résistant (soit par un historien, soit par un historien résistant !) • Les expositions temporaires ont toujours comme thème la Résistance.
DÉTENTE • Jardin derrière le musée.

Musée du Pain

25 bis rue Victor-Hugo, 94220 Charenton
Tél. 43 68 43 60

Ce petit musée du pain est, bien sûr, situé dans un moulin. Pas un moulin à vent, mais tout de même un endroit authentique où l'on fabrique la farine. A vous mettre l'eau à la bouche !

Après avoir traversé une cour et monté un petit escalier, vous allez vous trouver dans un magnifique grenier où tout ce qui a trait au pain est représenté. Des outils de boulanger, des jouets d'enfants, un modèle de grenier en bois de l'ancienne Égypte, des bons de pain distribués pendant la Révolution française...

• C'est un *tout petit musée...*

L'histoire du pain de l'Antiquité à nos jours.

HORAIRES • De 14 h à 16 h les mardi et jeudi.

ACCÈS • Métro : Charenton-Écoles.

TARIF • Gratuit.

DOCUMENTATION • Gratuite à l'entrée.

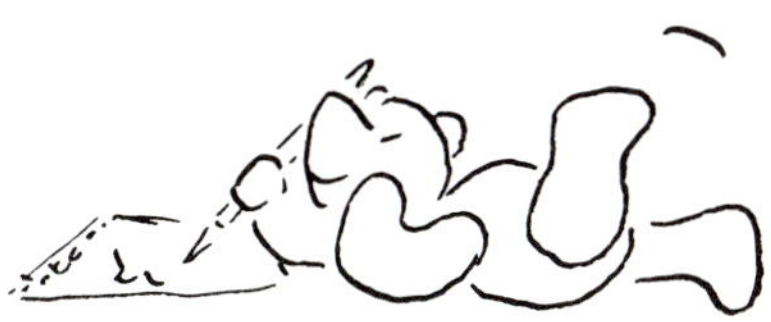

Musée des Transports urbains

60 avenue Sainte-Marie, 94160 Saint-Mandé
Tél. 43 28 37 12

Du poinçonneur des Lilas au ticket-chic ticket-choc, les transports en commun sont indissociables de nos vies de Parisiens et de banlieusards. Dans cet ancien entrepôt, les enfants découvriront avec joie les ancêtres de nos autobus et RER. Attention, le musée est fermé l'hiver. Pourquoi ? Pour cause de froid !

▲▲ ●● ■■

Les plus jeunes aimeront particulièrement le circuit de trains électriques, les mannequins sur les tramways à chevaux, les magnifiques vieux autobus... et le bois de Vincennes !

Seul regret : ne pouvoir grimper dans l'un des nombreux wagons de métro exposés. Les plus âgés pourront regarder les audiovisuels — il y a même une salle de cinéma —, admirer la collection de tickets d'autobus, s'intéresser à l'historique des transports urbains...

• Plusieurs pièces sont exposées à Pithiviers (à 80 kilomètres de Paris) sur 3 kilomètres d'anciennes voies ferrées.

Les transports en commun (nombreux autobus, métros...) • Expositions temporaires.

HORAIRES • De 14 h 30 à 18 h les samedi et dimanche du 15 avril au 31 octobre.

ACCÈS • Métro : Porte-Dorée • Bus : 46, 86, 325, PC • Parking gratuit.

TARIFS • 12 F. 1/2 tarif pour les 4-12 ans.

DOCUMENTATION • Petit guide : 15 F • Librairie avec de nombreuses cartes postales • Audiovisuel • Projections cinématographiques.

ANIMATIONS • Téléphoner au musée.

DÉTENTE • Le bois de Vincennes, le zoo.

MUSÉE NATIONAL DE LA RENAISSANCE

Château d'Écouen, 95440 Écouen
Tél. 39 90 04 04

Un château entier rempli d'armures, des murs couverts de tapisseries, des salles pleines de trésors : de quoi donner envie à votre petit chevalier sans peur et sans reproche de partir à la conquête d'Écouen.

Si vous ne voulez pas voir vos petits chevaliers faire une tête de 40 kilomètres, il est absolument indispensable d'arriver le matin, car les salles les plus vivantes, les plus amusantes pour eux, se situent toutes au rez-de-chaussée qui, malheureusement, est fermé l'après-midi !

Consacrez donc votre matinée à revivre les grands moments de la Renaissance, et surtout ne les faites pas languir : emmenez-les tout de suite visiter les salles des armures : arbalètes, rapières, épées et pistolets vont défiler devant leurs yeux éblouis ! Et ce n'est pas tout, ils vont enfin comprendre la longue et difficile tâche de l'habillement du chevalier : chaque pièce de son armure est exposée individuellement, avec l'explication de son usage !

Les salles suivantes sont plus paisibles. Finis les tournois et les guerres, la vie quotidienne reprend son cours, et vous allez découvrir le monde paisible des artisans en pénétrant dans un atelier d'orfèvre entièrement reconstitué et en admirant les œuvres exécutées. En or ciselé ou en argent travaillé, elles sont d'une finesse incroyable !

Faites une halte au restaurant avant de poursuivre votre visite par le 1er étage qui est nettement plus sérieux. A moins, à moins que l'on ne présente la fabuleuse histoire de David et Bethsabée, racontée sur 10 magnifiques tapisseries, comme une bande dessinée de l'époque (pour cela, encore faut-il en connaître le thème : voir documentation à l'entrée ou profiter de la visite guidée du samedi).

A cet étage vous pourrez admirer les appartements d'Henri II. Souvenez-vous, le fils de François Ier, le mari de Catherine de Médicis, celui qui mourut en plein tournoi d'un coup de lance à l'œil. Il venait si souvent dans le château de son ami, le connétable Anne de Montmorency, que celui-ci lui réserva une chambre pour lui seul.

Finissez cette journée en vous promenant dans le parc magnifique. Le 2e étage n'intéressera que les passionnés de céramiques, de vitraux ou d'émaux.

La Renaissance à travers les tableaux, les tapisseries, les armes, le mobilier, les vitraux de cette époque.

HORAIRES • De 9 h 45 à 12 h 30 et de 14 h à 17 h 15 sauf mardi et jours fériés • Attention : seul le 1er étage est ouvert toute la journée. Le rez-de-chaussée n'est ouvert que le matin, le 2e étage que l'après-midi.

ACCÈS • Voiture : autoroute A 1, sortie 3, Pierrefitte. N 16 : Paris-Chantilly • Train : gare du Nord, ligne de Montsault.

TARIFS • 15 F. 8 F pour les 18-25 ans. Gratuit pour les moins de 18 ans • Le billet est valable toute la journée.

DOCUMENTATION • Dépliant gratuit avec plan du musée • Feuillet spécial jeunes à réclamer • Librairie : à prendre pour 8 F le *Petit Guide des grands musées*.

ANIMATIONS • Pour tous, visites guidées tous les samedis à 15 h (durée 1 h 30) : 20 F (gratuit pour les moins de 13 ans). Ce paiement vous permet d'avoir le billet d'entrée à moitié prix • On ne visite pas le rez-de-chaussée, qui est fermé l'après-midi • Restaurant à l'intérieur du château (39 94 32 03).

DÉTENTE • Le parc du château.

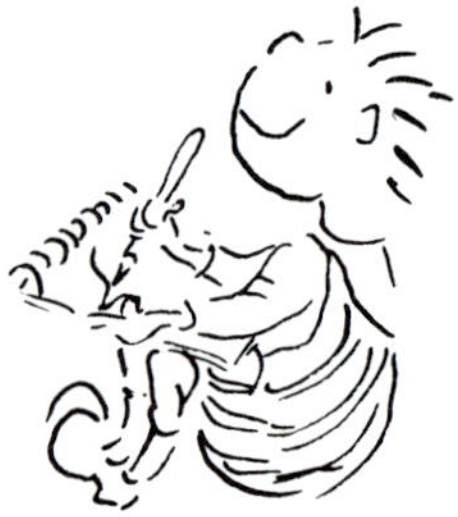

MUSÉE ARCHÉOLOGIQUE DÉPARTEMENTAL DU VAL-D'OISE

Place du Château, 95450 Guiry-en-Vexin
Tél. 34 67 45 07

Pour nos générations, les Gaulois étaient nos ancêtres. Pour nos enfants, ce sont plutôt les copains d'Astérix, Idéfix et tutti quantix... Mais, de toute façon, l'époque gallo-romaine, comme la préhistoire, fascine tous les enfants. C'est pourquoi vous irez à Guiry-en-Vexin !

Il est toujours difficile d'explorer seul des salles d'archéologie, surtout si vous cherchez vainement sur les murs de plus amples informations. Venez donc lors d'une exposition temporaire pour avoir un parcours-enquête ; ou bien alors, pour 100 F si vous constituez un petit groupe, vous pouvez avoir une conférence sur un thème, une époque (exemple : l'habitat de la préhistoire, l'évolution des formes de la céramique...). Vous pouvez aussi demander un film vidéo : c'est gratuit, bien fait et de bonne qualité. Les enfants peuvent le voir à partir de 10 ans. Divers sujets : les Gaulois, la technique du verre, et aussi, comment se passent les fouilles ?, avec la reconstitution d'une maison gauloise construite selon les techniques de cette époque.

• Des thermes gallo-romains du IIe siècle sont visibles au musée de l'Outil à Wy, dit Joli Village, à 5 mn en voiture (voir p. 164).

La préhistoire, l'époque gallo-romaine et mérovingienne • 2 expositions temporaires par an.
HORAIRES • De 9 h à 12 h et de 13 h 30 à 17 h 30, sauf mardi. De 10 h à 12 h et de 14 h à 19 h en été (et de 13 h 30 à 18 h 30 en hiver) les samedi et dimanche.
ACCÈS • Voiture : autoroute A 15 jusqu'à Pontoise, puis N 14 et D 159. Parking.
TARIFS • 10 F. Gratuit pour les moins de 7 ans.
DOCUMENTATION • Pas de guide. Un petit dépliant gratuit • Plusieurs films à votre disposition.
ANIMATIONS • **Parcours-enquêtes** distribués aux individuels, lors des expositions temporaires • Visites commentées sur rendez-vous : 100 F • Nombreuses animations pour les scolaires.

Musée Jean-Jacques Rousseau

5 rue Jean-Jacques-Rousseau, « Le Mont Louis », 95160 Montmorency
Tél. 39 64 80 13

Quelle émotion, si vous aimez Rousseau, de pénétrer dans cette maison où il vécut et de découvrir devant la fenêtre de sa chambre la table en bois, toute simple, où il écrivit le Contrat social, Émile *et* La Nouvelle Héloïse...

Pas de château pour abriter l'écrivain qui inspira la Révolution française, mais une minuscule petite maison qu'il partagea avec sa compagne Thérèse Levasseur. Rappelez-vous, celle dont il eut cinq enfants, et qu'il abandonna !

Un comble pour l'auteur d'*Émile* (ou *De l'éducation*) ! Heureusement, l'animatrice vous rassure immédiatement : « C'était chose courante, vous savez, en ce temps-là, mais vous ne pouvez pas imaginer le nombre de personnes qui m'agressent à ce sujet... Et pourtant, je n'y suis pour rien ! » Gravures, reproductions, lettres retraçant la vie de Rousseau se situent dans l'aile rénovée de la maison et ne présentent pas grand intérêt. Passez vite et allez flâner dans le jardin : le petit banc de pierre où Rousseau aimait tant s'asseoir vous attend.

La maison où Jean-Jacques Rousseau vécut de 1757 à 1762.

HORAIRES • De 14 h à 18 h, sauf lundi.

ACCÈS • Voiture : autoroute du Nord par porte de la Chapelle, sortie 2, direction Chantilly • Bus : 256.

TARIF • 10 F.

DOCUMENTATION • Dépliant gratuit • Librairie • Bibliothèque sur J.-J. Rousseau : 4 rue du Mont-Louis-Montmorency (c'est la rue qui fait l'angle) • Film pour les groupes scolaires sur J.-J. Rousseau ou sur le XVIIIe siècle.

DÉTENTE • Le jardin.

Musée de l'Éducation

École communale du centre, 95310 Saint-Ouen-l'Aumône
Tél. 34 64 08 74

Hum ! comme cela sent bon le bois et l'encre dans cette classe 1900 ! Les tabliers sont accrochés aux portemanteaux et sur le tableau une phrase de morale attend d'être recopiée à la plume. Piquet et bonnet d'âne tapis dans un coin guettent la moindre erreur. Vous allez voir combien, après cette visite, leur école va leur sembler douce, douce !

Voici un musée... tout à fait pédagogique, organisé, bien sûr, par un instituteur passionné ! Vous allez tout savoir sur les débuts de l'écriture, les premiers rudiments du calcul ou bien encore le B.A.-BA de l'histoire ! En effet toutes les expositions prennent comme thème une matière enseignée à l'école. Elles vous en expliquent l'historique, puis les différentes méthodes dont on s'est servi pour l'enseigner, le matériel utilisé. Mais ce n'est pas tout !... Après la visite, les enfants vont aller s'asseoir sur les bancs de cette classe du début du siècle et faire semblant de travailler comme il y a cent ans : écriture avec plumes et encrier (attention aux taches !), calcul sur des bouliers... Ils vont pouvoir ainsi réfléchir sur l'évolution des techniques et des mentalités. (Ces animations sont surtout organisées pour les groupes scolaires.)

• Exposition sur le calcul jusqu'en décembre 1988 : « Du caillou à l'ordinateur », ensuite une exposition sur l'histoire est prévue.

Reconstitution d'une classe 1900 • Expositions temporaires sur l'enseignement.

HORAIRES • De 14 h à 17 h les mercredi et samedi • En semaine sur rendez-vous • Pendant les vacances scolaires : de 14 h à 17 h les lundi, mercredi, jeudi, vendredi et samedi • Fermé en août et jours fériés.

ACCÈS • Voiture : autoroute de Pontoise, sortie Saint-Ouen-l'Aumône • Train : gare Saint-Lazare ou gare du Nord • Bus : 446, Cergy-Mery, arrêt Mairie de Saint-Ouen.

TARIFS • 5 F. Gratuit pour les moins de 16 ans et pour les groupes scolaires.

DOCUMENTATION • 10 F.

MUSÉE DE L'OUTIL CLAUDE-PIGEARD

95420 Wy, dit Joli Village
Tél. 34 67 41 79

Si vous vous attendiez à rencontrer un vieux conservateur avec canne et barbichette, vous avez perdu : c'est un vrai forgeron, passionné et passionnant, à la stature et à l'enthousiasme impressionnants. Si vous pensiez découvrir un endroit étonnant, vous avez gagné : le musée est situé dans les thermes gallo-romains qui, à eux seuls, valent le détour.

Le hasard a voulu que Claude Pigeard découvre, à l'endroit où il voulait exposer sa magnifique collection d'outils anciens, un établissement de bains du IIe siècle. Une fois les fouilles achevées, il en a donc profité pour y installer sa forge, son musée, mais aussi son talent puisqu'il continue à y travailler, fabriquant enseignes, girouettes et toutes sortes d'objets sonnants et trébuchants. C'est toute l'originalité de ce musée au charme particulier. D'un côté vous apprenez tout sur les systèmes de chauffage très sophistiqués de nos aïeux, de l'autre vous découvrez une surprenante collection d'outils extraordinaires (C. Pigeard en possède plus de 2 500) : des serrures aux machines à percer, des effigies révolutionnaires aux moules à gaufre. Il y a peu d'explications écrites, d'où l'intérêt d'une visite guidée pour comprendre l'utilisation de tous ces curieux instruments.

Dans tous les cas, n'hésitez pas à vous adresser à M. Pigeard qui, s'il est disponible, vous renseignera très gentiment. Et n'oubliez pas la visite du 1er étage où il présente chaque année les outils d'un métier particulier, assurant ainsi par roulement l'exposition de sa collection dans sa totalité.

Collection d'outils anciens exposés dans des thermes gallo-romains (enclumes, instruments agraires, moules à gaufre) • Forge en état de marche • Expositions temporaires.
HORAIRES • De 9 h à 12 h et de 14 h à 18 h, sauf dimanche matin. Téléphoner au préalable.
ACCÈS • Voiture : autoroute de Pontoise, puis N 14 et D 159.
TARIFS • 8 F. 4 F pour les moins de 16 ans.
ANIMATIONS • Visites guidées le dimanche après-midi • Pour groupes, animation de la forge avec acquisition de l'objet forgé : forfait à partir de 150 F. Téléphoner au musée.

PROVINCE

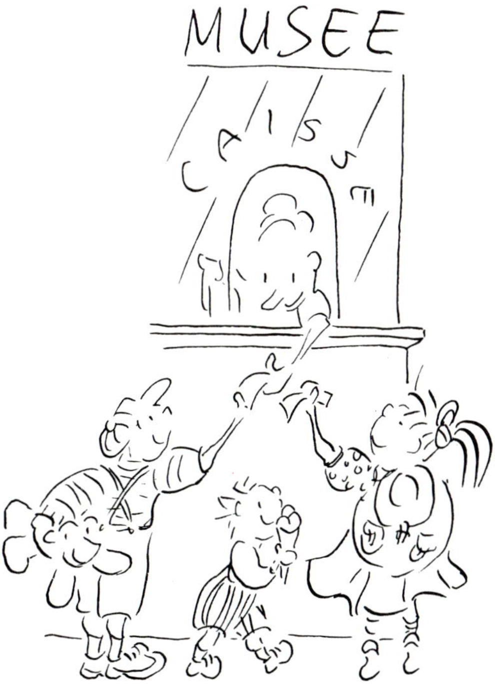

Musée Picasso

Château Grimaldi, place Mariéjol
06600 Antibes
Tél. 93 34 91 91

Des œuvres de Picasso et des expositions temporaires de jeunes artistes.
HORAIRES • De 10 h à 12 h et de 15 h à 18 h, sauf mardi et novembre.

Les ateliers du mercredi attendent vos enfants :

pour les 5-7 ans : de 14 h à 15 h 30;

pour les plus de 7 ans : de 16 h à 17 h 30.

Il n'y a pas d'inscription préalable et il vous en coûtera 30 F pour la séance. Exemple d'un atelier : à partir d'un tableau, *Icare et sa chute*, on évoque la mythologie grecque, les enfants regardent des diapositives d'œuvres de Folon, de Magritte..., et prennent ensuite crayons et peinture.

Vous pouvez aussi acheter au musée un livre pour les enfants, qui est un jeu d'images d'après une tapisserie de Picasso, *Le Minotaure*. A déguster à la maison...

Musée international de la Parfumerie

Boulevard Fragonard, 06130 Grasse
Tél. 93 36 01 61

Il ouvrira bientôt et sera sans doute très attrayant pour les enfants : jardin botanique, panneaux explicatifs adaptés aux jeunes...

Musée de l'Automobile

772 chemin du Fort-de-Curault
06250 Mougins
Tél. 93 69 27 80

HORAIRES • De 10 h à 19 h du 1er avril au 30 septembre. De 10 h à 18 h du 1er octobre au 31 mars.
ACCÈS • Voiture : autoroute A 8, aire des Bréguières.
TARIFS • 30 F. 20 F pour les enfants.

Dans un site agréable, vos enfants trouveront de nombreuses voitures anciennes. Le musée possède de plus une librairie automobile, des boutiques de modélisme (jouets, maquettes), une cafétéria, un cinéma où est projeté un documentaire sur les voitures, et des expositions temporaires.

Musée Basque

1 rue Marengo, 64100 Bayonne
Tél. 59 59 08 98

HORAIRES • De 9 h 30 à 12 h 30 et de 14 h 30 à 18 h 30 du 1er juillet au 30 septembre. De 10 h à 12 h et de 14 h 30 à 18 h du 1er octobre au 30 juin, sauf dimanche et jours fériés.

Bien qu'aucune animation pour les enfants ne soit organisée dans ce musée, nous pensons que c'est un endroit agréable à découvrir. Vous y verrez une reconstitution d'une chambre à coucher, d'une cuisine, de l'épicerie du village, d'une auberge. Au 2e étage, le musée de la Pelote basque suscitera peut-être des vocations sportives !

Musée Bonnat

5 rue Jacques-Lafitte
64100 Bayonne
Tél. 59 59 08 52

Peinture, sculpture, dessin du XIIIe au XIXe siècle ; antiquités égyptiennes, grecques et romaines.
HORAIRES • Été : de 10 h à 12 h et de 15 h à 19 h du 15 juin au 10 septembre, sauf mardi et jours fériés. Jusqu'à 21 h le vendredi • Hiver : de 13 h à 19 h du 11 septembre au 10 juin. De 16 h à 19 h le vendredi. De 10 h à 12 h et de 15 h à 19 h les samedi et dimanche.

De bonnes initiatives pour les enfants : dans les salles de peinture, une série de fiches permet de réaliser un parcours-jeu ;

un grand jeu de l'oie installé au sol reprend la plupart des tableaux du musée ;

puzzle géant devant un tableau de Puvis de Chavannes ;

enfin un dernier jeu met en rapport des personnages qu'il faut replacer dans le paysage correspondant à leur époque.

Tous ces jeux sont en libre utilisation.

Musée d'Aquitaine

20 cours Pasteur, 33000 Bordeaux
Tél. 56 90 91 60

Ethnographie régionale, de la préhistoire à nos jours.
HORAIRES • De 10 h à 18 h, sauf mardi.

Si vous n'avez pas encore visité ce musée, dépêchez-vous, des tas d'activités sont proposées à vos enfants !

Deux possibilités pour faire découvrir le musée d'une façon attrayante :

— les cahiers-jeux distribués tous les jours vous permettent d'animer votre visite (deux tranches d'âges : 6-9 ans ou 9-13 ans) ;

— les ateliers « Découverte et création » ont lieu le mercredi de 10 h à 12 h pour les 6-9 ans, et de 14 h à 16 h pour les 9-13 ans. Maximum : 20 enfants. Gratuit et sans réservation. N'oubliez pas les tabliers !

De plus, une bibliothèque enfantine spécialisée les accueillera : ils pourront découper, colorier, assembler… et lire !

Le service éducatif fonctionne aussi pour les groupes scolaires.

Musée d'Art contemporain (CAPC)

Entrepôt Lainé, rue Foy
33000 Bordeaux
Tél. 56 44 16 35
Tél. du café du musée : 56 44 70 60

HORAIRES • De 11 h à 18 h, sauf lundi et jours fériés. Jusqu'à 22 h le mercredi.
TARIFS • 10 F. 5 F pour les 12-18 ans. 8 F pour les étudiants. Gratuit de 12 h à 14 h • Abonnement : 80 F par an, 60 F pour les étudiants.

Dans ce musée fantastique pour les enfants et les parents, un seul impératif : l'abonnement. Grâce à lui, vous recevrez toutes les informations sur le musée, et surtout, surtout, vos enfants bénéficieront gratuitement du club « Aller au musée », qui regroupe toutes les activités qui leur sont destinées.

— Le mercredi, par exemple, les 8-12 ans se familiariseront avec l'art contemporain (inscription trimestrielle préalable), pendant que leurs parents suivront des conférences (qu'ils pourront même approfondir le soir à partir de 19 h, avec un dîner prévu au café du musée).

Le samedi, parents et enfants rencontreront ensemble les artistes et leurs œuvres, avant de découvrir, chacun de leur côté, l'exposition.

Atelier prévu pour les enfants, conçu et animé par l'artiste.

A la fin de la journée, tout le monde se retrouve devant un grand goûter au café du musée, pour échanger ses impressions...

Il se passe tellement de choses fantastiques dans ce musée qu'il faut absolument, pour une information plus détaillée, téléphoner au 56 44 16 35, poste 410 !

Inutile de vous dire, bien sûr, que les écoles sont loin d'être oubliées... Enseignants, renseignez-vous vite !

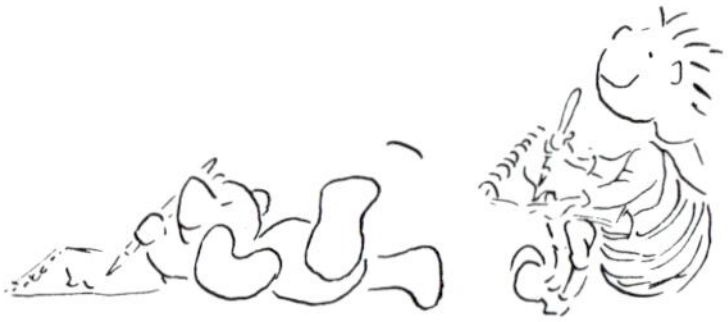

Musée des Arts décoratifs

Hôtel de Lalande, 39 rue Bouffard
33000 Bordeaux
Tél. 56 90 91 60, poste 11 66 ou 11 68

Mobilier, peinture, faïence, sculpture, orfèvrerie...
HORAIRES • De 14 h à 18 h, sauf mardi et jours fériés.
TARIFS • Gratuit le mercredi et le dimanche.

Décidément, à Bordeaux, vos enfants ont de la chance. Voici encore un musée qui pense à eux.

Des feuillets-jeux sont disponibles à l'entrée pour 5 F. Selon l'âge et les goûts de vos enfants, vous pourrez choisir entre le jeu de l'oie, le safari au musée...

A l'occasion des expositions temporaires, des animations sont prévues pour les groupes.

Muséum d'Histoire naturelle

5 place Bardineau, jardin public
33000 Bordeaux
Tél. 56 48 29 86

HORAIRES • De 14 h à 17 h 30, sauf mardi.
TARIFS • Gratuit les mercredi et dimanche.

Un musée vraiment sympathique à visiter en famille :

— des feuillets visites-découvertes à l'entrée, très bien faits, qui les instruiront tout en les amusant ;

— de nombreux jeux, comme un jeu de l'oie ou les jeux en famille ;

— un club scientifique le mercredi après-midi, pour les 8-12 ans, avec des sorties prévues...

L'inscription se fait pour un cycle de 5 semaines.

Musée des Beaux-arts

Château, 14000 Caen
Tél. 31 85 28 63

Les animations sont prévues pour les groupes scolaires.

Musée d'initiation a la Nature

Hôtel de Ville, place Guillouard
14000 Caen
Tél. 31 84 81 25

Ce musée invite à la découverte de la faune et de la flore normandes.
HORAIRES • De 14 h à 17 h 30 le mercredi d'octobre à mars. De 14 h à 17 h 30 les mercredi, jeudi et vendredi d'avril à septembre • Toute l'année sur rendez-vous pour les groupes.
TARIF • Gratuit.

De quoi ravir vos enfants : les animaux naturalisés sont présentés dans des maquettes évoquant leur milieu naturel. Des photos et des diapositives animent cette présentation.

La visite se poursuit à l'extérieur dans un jardin, où chaque espèce de plantes est accompagnée d'un commentaire, pour mieux faire connaître tous les éléments de la nature normande.

Pour les enfants qui seront passionnés, sachez qu'il existe à Caen des clubs Nature. Renseignements auprès de « L'aulne vert », service d'animation du musée (31 84 81 25, poste 43 27). Cette association propose au grand public, aux groupes et aux enseignants de nombreuses activités fantastiques (itinéraires de découverte, classes de mer, prêts de matériel...).

Musée de Normandie

Logis des Gouverneurs, château
14000 Caen
Tél. 31 86 06 24

Ce musée retrace le passé et les traditions de la Normandie.
HORAIRES • De 10 h à 12 h et de 14 h à 18 h, sauf mardi.
TARIFS • 4 F. Gratuit pour les étudiants.

Bien qu'il n'y ait rien de prévu spécialement pour les jeunes, le musée, rénové en 1984, offre des collections attrayantes, faciles à découvrir seul avec ses enfants.

Musée de la Poste

52 rue Saint-Pierre, 14000 Caen
Tél. 31 50 12 20

Dans une vieille maison à pans de bois, l'histoire de la poste et des communications.
HORAIRES • De 10 h à 12 h et de 14 h à 18 h, sauf mardi, du 1er juin au 30 septembre. De 13 h 30 à 17 h 30, sauf dimanche et lundi, du 1er octobre au 31 mai.
TARIF • 8 F.

Après avoir admiré les uniformes des facteurs à travers le temps, vos enfants pourront manipuler librement des minitels et assister à une projection de films documentaires. Pour les grands qui veulent en savoir plus, des dossiers thématiques sont disponibles (exemple : l'aviation postale, l'histoire du téléphone...).

Musée des Beaux-arts

Place de la Sainte-Chapelle
21000 Dijon
Tél. 80 30 31 11

HORAIRES • De 10 h à 18 h, sauf mardi.

Les animations sont normalement réservées aux scolaires, mais si vous voulez jouer à l'animateur avec 4 ou 5 enfants, on vous confiera gratuitement le jeu-parcours et tout son matériel.

Musée de la Vie bourguignonne

Cloître des Bernardines
17 rue Sainte-Anne, 21000 Dijon
Tél. 80 30 65 91

HORAIRES • De 9 h à 12 h et de 14 h à 18 h, sauf mardi et jours fériés.

Pas d'activités pour les enfants, mais des reconstitutions de boutiques, de pièces à vivre, avec des mannequins, amuseront les enfants.

Musée d'Histoire naturelle

Jardin de l'Arquebuse
avenue Albert-Ier, 21000 Dijon
Tél. 80 41 61 08

La faune régionale avec 4 grands dioramas, la faune des différents continents, un vivarium, un jardin botanique.
HORAIRES • De 14 h à 17 h 45, sauf mardi.

Le mercredi après-midi, un club fonctionne pour les enfants. L'inscription a lieu en septembre, pour l'année (80 41 26 25). De nombreuses activités leur seront proposées : s'occuper d'un colombier, soigner les plantes...

Lors des expositions temporaires, des visites guidées sont organisées le mercredi : téléphoner au musée.

Nombreuses animations pour les écoles.

Musée d'Art moderne du Nord

1 allée du Musée
59650 Villeneuve-d'Ascq
Tél. 20 05 45 46

HORAIRES • De 10 h à 18 h 30, sauf mardi.
TARIFS • 10 F. Gratuit pour les moins de 10 ans.

Le musée est dans un remarquable bâtiment de brique et de verre, situé dans un quartier piétonnier, à la limite du parc du Héron. Les animations du musée sont réservées aux groupes, mais un atelier d'art plastique vous ouvre ses portes. Renseignements auprès de Francine Masselis : 20 05 48 91.

— Les ateliers : différents groupes (suivant les âges) fonctionnent le mercredi et le samedi (1 h 30 à 2 h). Les inscriptions se font pour l'année : 290 F (+ 160 F par trimestre). Exemple : un groupe d'enfants de 7-9 ans se promène dans les différentes salles du musée, à la recherche des œuvres de Fernand Léger, Klee et Modigliani, puis s'installe devant ses chevalets, pinceaux et palette à la main.

Pour les 8-15 ans qui viennent visiter le musée, il existe un livre itinéraire-jeu (25 F) qui leur permettra de découvrir les collections du musée.

Un grand musée à découvrir absolument, avec vos enfants.

Musée d'Histoire naturelle et de Géologie

19 rue de Bruxelles, 59000 Lille
Tél. 20 53 38 46

HORAIRES • De 10 h à 17 h les mercredi et samedi.
TARIF • Gratuit le mercredi.

Bien que les animations soient réservées aux groupes scolaires, ce musée peut intéresser vos enfants, qui y découvriront une importante collection d'oiseaux et des expositions temporaires.

Visite guidée pour groupes : 170 F, sur rendez-vous.

Musée des Beaux-Arts

Palais Saint-Pierre
20 place des Terreaux, 69001 Lyon
Tél. 78 28 07 66

Des animations ont lieu pour les groupes scolaires, mais des projets sont en cours pour les enfants venant individuellement.

Maison des Canuts

10-12 rue d'Ivry, 69004 Lyon
Tél. 78 28 62 04

Les tissus et toutes les phases de leur fabrication.
HORAIRES • De 8 h 30 à 12 h et de 14 h à 18 h 30, sauf dimanche et jours fériés • Fermé 15 jours en août.
TARIF • 4 F.

Bien qu'il n'y ait pas de visites animées prévues (sauf pour les groupes), le chemin parcouru depuis le ver à soie jusqu'à leur chemise peut passionner même les plus jeunes. Et si des questions restent sans réponse, posez-les sans plus tarder aux professionnels qui travaillent sur les métiers à tisser.

Musée Gallo-Romain

17 rue Cliberg, 69005 Lyon
Tél. 78 25 94 68

HORAIRES • De 9 h 30 à 12 h et de 14 h à 18 h, sauf lundi et mardi.
TARIF • Gratuit.

Les animations sont réservées aux écoles, mais les fans d'Astérix seront toujours contents de venir ici.

Musée Guimet d'histoire naturelle

28 boulevard des Belges
69006 Lyon
Tél. 78 93 22 44

Zoologie, minéralogie, aquariums, faune et flore régionales, mais aussi salles d'égyptologie et d'ethnographie.
HORAIRES • De 14 h à 18 h, sauf lundi, mardi et jours fériés.
TARIF • Gratuit.

Il n'y a pas de visites guidées, mais les aquariums, les collections d'animaux naturalisés, les squelettes de mammouths les fascineront.

Des animations pour les groupes scolaires uniquement, mais il est question que cela bouge grâce au nouveau conservateur.

Musée des sapeurs-pompiers

Caserne de la Duchêne
350 rue Balmont-Ouest, 69009 Lyon
Tél. 78 35 38 08

La lutte contre le feu, du XVIIIe siècle à nos jours.
HORAIRES • De 8 h 30 à 12 h et de 14 h à 18 h le mercredi. De 8 h à 12 h le samedi. Fermé en août.
TARIF • Gratuit.

Un atout : le musée est dans une caserne de pompiers.

Un inconvénient : la visite guidée de 1 h 30 peut paraître longue aux plus jeunes.

Musée de la Marionnette

Place du Petit-Collège, 69005 Lyon
Tél. 78 42 03 61

Marionnettes et guignols.
HORAIRES • De 10 h 45 à 18 h, sauf mardi et jours fériés.
TARIF • Gratuit.

Pas de spectacle, hélas ! Alors, en sortant du musée, précipitez-vous juste à côté, au théâtre de Guignol, rue Louis-Carant (78 37 31 79).

Musée des Beaux-arts

Palais Longchamp
142 boulevard de Longchamp
13000 Marseille
Tél. 91 62 21 17

Peintures et sculptures.
HORAIRES • De 10 h à 12 h et de 14 h à 18 h 30, sauf mardi et mercredi matin.

Animations pour les groupes scolaires.

Musée Saint-Pierre d'art contemporain

16 rue du Président-Édouard-Herriot
69001 Lyon
Tél. 78 30 50 66

Musée Borely

Château Borely, avenue Clot-Bey
13000 Marseille
Tél. 91 73 21 60

HORAIRES • De 9 h 30 à 12 h 15 et de 13 h à 17 h 30, sauf mardi et mercredi matin.

Les collections du musée Borely se divisent ainsi : au musée resteront les arts décoratifs, tandis que les collections égyptiennes s'installeront au centre de la Vieille-Charité. Les animations sont communes aux deux musées (voir ci-dessous).

Musée Cantini

19 rue Grignan, 13000 Marseille
Tél. 91 54 77 75

Faïences, art contemporain.
HORAIRES • De 12 h à 19 h.

Animations pour les groupes scolaires.

Musée Grobet-Labadie

140 boulevard de Longchamp
13000 Marseille
Tél. 91 62 21 82

Peintures, sculptures, ferronneries dans un hôtel particulier.
HORAIRES • De 10 h à 12 h et de 14 h à 18 h 30, sauf mardi et mercredi matin.

Animations pour les groupes scolaires.

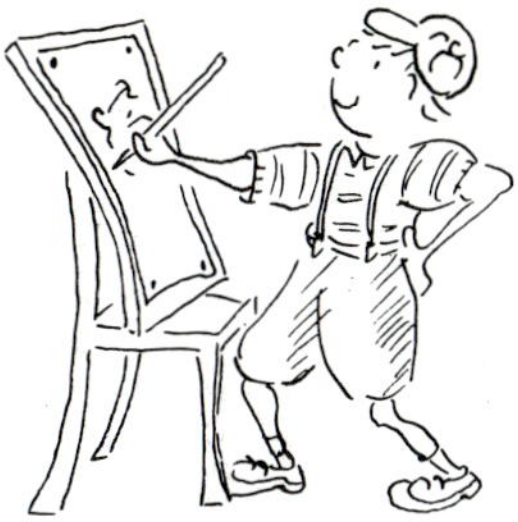

Musée d'Histoire de Marseille

Centre Bourse, square Belsunce
13000 Marseille
Tél. 91 90 42 22

Archéologie grecque et romaine, l'époque médiévale de Marseille.
HORAIRES • De 10 h à 19 h, sauf dimanche et lundi • Fermé les 25 décembre, 1er janvier et 1er mai.

Visite-exploration le mercredi pour les enfants à partir de 6 ans (se renseigner au musée). Des animations sont organisées pendant les expositions temporaires.

Muséum d'Histoire naturelle

Palais Longchamp
142 boulevard de Longchamp
13000 Marseille
Tél. 91 62 30 78

HORAIRES • De 10 h à 12 h et de 14 h à 18 h, sauf mardi et mercredi matin.

Quelques aquariums et des animaux naturalisés, mais surtout, bientôt, une salle ayant pour thème : « 400 millions d'années en Provence ».

MUSÉE DE LA MARINE ET DE L'ÉCONOMIE DE MARSEILLE

Palais de la Bourse, la Canebière
13001 Marseille
Tél. 91 91 91 51

Des galères aux paquebots.
HORAIRES • De 10 h à 12 h et de 14 h à 18 h, sauf mardi.
TARIF • Gratuit pour les enfants.

Quoi de plus beau qu'une maquette de bateau? Plusieurs maquettes de bateaux!

Alors, ici, quel bonheur! Des galères, des navires corsaires, des trois-mâts, des vaisseaux, une pilotine du port de Marseille, et puis un bateau-pompe, des paquebots, des cargos, et même des pétroliers...

Quand vous en aurez assez, arrêtez-vous devant les belles gravures et peintures illustrant l'histoire du port de Marseille. Quel régal pour les yeux!

CENTRE DE LA VIEILLE-CHARITÉ

2 rue de la Charité
13000 Marseille
Tél. 91 90 24 70

HORAIRES • De 10 h à 12 h et de 14 h à 18 h 30, sauf mardi et mercredi matin.

A partir des collections du musée, des ateliers sont prévus pour les enfants, le mercredi (et parfois le samedi) de 14 h à 16 h. Par exemple : sur le thème de l'Égypte, ils réaliseront des tissus ou assisteront à un diaporama sur un conte égyptien... Renseignez-vous vite au musée Borely.

MUSÉE DU VIEUX-MARSEILLE

Maison Diamantée
2 rue de la Prison, 13000 Marseille
Tél. 91 55 10 19 ou 91 55 10 20

Meubles provençaux, santons...
HORAIRES • De 10 h à 12 h et de 14 h à 18 h 30, sauf mardi et mercredi matin.

Animations pour les groupes scolaires.

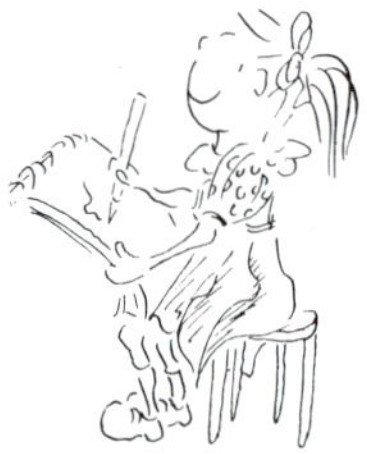

MUSÉE DE L'AÉRONAUTIQUE ET DES AILES LORRAINES

Zone de loisirs du parc
et de la forêt de la Haye
54000 Nancy
Tél. 83 27 73 39

HORAIRES • De 14 h 15 à 18 h 30 les samedi et dimanche.

En octobre 1988, il sera transféré sur l'aéroport de Nancy.

Musée de l'Auto en Lorraine

Zone de loisirs du parc
et de la forêt de la Haye
54000 Nancy
Tél. 83 40 22 81

HORAIRES • De 14 h à 19 h tous les jours.

Musée des Beaux-arts

3 place Stanislas, 54000 Nancy
Tél. 83 37 65 01, poste 28 03 et 28 06

Peinture des principales écoles européennes jusqu'au XIXe siècle et expositions temporaires.
HORAIRES • De 10 h à 12 h et de 14 h à 18 h, sauf lundi matin, mardi et jours fériés.

En parent dynamique que vous êtes, vous allez bien sûr constituer un groupe d'enfants pour bénéficier d'une visite guidée gratuite (sur rendez-vous). C'est la seule solution pour profiter d'une animation dans ce musée (tout est réservé aux groupes scolaires).

Musée de l'École de Nancy

36-38 rue du Sergent-Blandam
54000 Nancy
Tél. 83 40 14 86

L'art nouveau français.
HORAIRES • De 10 h à 12 h et de 14 h à 17 h, sauf mardi et jours fériés.

Les adolescents retrouveront ici le climat provincial d'un hôtel particulier modern style. Ils prolongeront leur promenade dans le parc où se trouve un bel aquarium.

Musée Historique lorrain

64-66 Grande-Rue, 54000 Nancy
Tél. 83 22 18 74

Il comprend : — **le Palais ducal**, qui évoque l'histoire de l'art en Lorraine. De 10 h à 12 h et de 14 h à 17 h, sauf mardi et jours fériés.
— **le Musée des Cordeliers**, qui évoque la vie en Lorraine avant l'ère industrielle. De 10 h à 12 h et de 14 h à 17 h, sauf lundi.

Si votre enfant a la chance d'avoir profité avec sa classe des nombreuses animations pédagogiques, il pourra retourner le mercredi travailler sur son projet. Sinon, rien pour les visiteurs individuels.

Musée de Zoologie Aquarium tropical

34 rue Sainte-Catherine
54000 Nancy
Tél. 83 32 99 97

HORAIRES • De 14 h à 18 h, sauf mardi.

Ici, pas besoin d'animation… Ce sont les poissons qui la font !

Musée des Beaux-Arts

10 rue Georges-Clemenceau
44000 Nantes
Tél. 40 74 53 24

Musée de peinture.
HORAIRES • De 10 h à 12 h et de 13 h à 17 h 45, sauf mardi. De 11 h à 17 h le dimanche.
TARIFS • 7,50 F. Gratuit les samedi et dimanche.

Bravo au musée des Beaux-Arts, voilà qui va séduire vos enfants !

Une enquête élaborée à partir d'un tableau du musée leur est proposée, à l'aide d'un jeu de cartes. C'est gratuit, superbe et prévu pour 2 tranches d'âges : 6-11 ans et 7-12 ans. Pour progresser à l'intérieur du musée et en découvrir les richesses, il leur faudra résoudre des énigmes…

Des ateliers expérimentaux d'histoire de l'art sont organisés pour les adolescents, tous les 15 jours, et ont pour but la découverte des collections permanentes du musée (du XVe au XIXe siècle). Un lien constant est maintenu avec l'art contemporain.

Lors des expositions temporaires, des animations originales sont parfois organisées.

Château des Ducs de Bretagne

1 place Marc-Elder, 44000 Nantes
Tél. 40 47 18 15 ou 40 47 02 42

Trois musées dans ce château.
HORAIRES • De 10 h à 12 h et de 14 h à 18 h, sauf mardi, de septembre à juin. De 10 h à 18 h tous les jours en juillet et août.
TARIFS • 7,50 F. Gratuit les samedi et dimanche.

1. Musée des Arts Décoratifs

Souvent fermé. Renseignez-vous pour les heures et jours d'ouverture.

2. Musée d'Art populaire régional

Un questionnaire pour les 8-12 ans est remis à l'entrée. Un feuillet-réponse est distribué simultanément. De quoi animer votre visite !

3. Musée des Salorges

Panorama de l'activité commerciale de Nantes. Dans ce très beau musée, des figures de proue, des maquettes de bateaux, des films passionneront vos enfants.

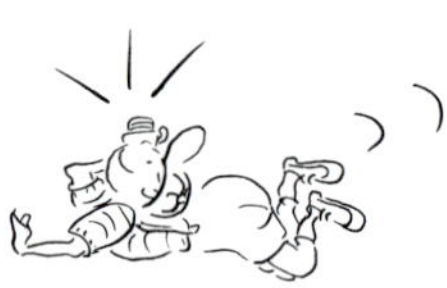

Muséum d'Histoire naturelle

12 rue Voltaire, 44000 Nantes
Tél. 40 73 30 03

HORAIRES • De 10 h à 12 h et de 14 h à 18 h, sauf lundi et jours fériés. De 14 h à 18 h le dimanche.
TARIFS • 10 F et 5 F. Gratuit le dimanche.

Ce musée est immense. Prévoyez donc plusieurs visites. Vos enfants y découvriront le vivarium, la faune régionale ou la salle de préhistoire..., et passeront un bon après-midi à l'Espace Science Nature spécialement conçu pour eux, qui organise de plus des animations.

Des activités pour les groupes scolaires sont prévues.

Musée de la Poste des Pays de Loire

10 boulevard A.-Pageot, proche du parc de Procé
44000 Nantes
Tél. 40 29 97 07

HORAIRES • De 9 h à 12 h et de 14 h à 16 h 30, sauf samedi et dimanche.
TARIF • 5 F.

Un diaporama de 15 mn explique les principales étapes de l'histoire de la poste. Possibilité de bénéficier d'une visite guidée, même si vous n'êtes qu'un groupe de 5 personnes.

Musée de la Poupée et des jouets anciens

39 boulevard Saint-Aignan
44000 Nantes
Tél. 40 69 14 41

HORAIRES • De 14 h 30 à 17 h 30, sauf lundi, mardi et jours fériés. Du 15 avril au 15 septembre : fermé, en plus, le dimanche • Fermé du 15 septembre au 15 octobre.
TARIFS • 16 F. 8 F pour les enfants.

De nombreuses scènes du temps passé sont illustrées par des poupées, avec tout leur mobilier et leurs accessoires (la lingère, la couturière, la séance de Guignol). Un monde miniature qui ravira vos enfants...

Musée Jules-Verne

3 rue de l'Hermitage, 44000 Nantes
Tél. 40 89 11 88

HORAIRES • De 10 h à 12 h et de 14 h à 17 h, sauf mardi, dimanche matin et jours fériés.
TARIF • Gratuit.

Voici une visite indispensable pour tous les lecteurs de Jules Verne. Ici, tout leur fera revivre les aventures qu'ils ont aimées : maquettes de machines volantes, salle du *Nautilus* dont les hublots s'ouvrent sur la Loire...

Et surtout, n'oubliez pas de prévoir une visite au planétarium, les mercredi, samedi et dimanche, square Moysan, 5 rue des Acadiens (40 73 99 23).

Musée d'Archéologie

Villa des Arènes
164 avenue des Arènes, 06000 Nice
Tél. 93 81 59 57

HORAIRES • De 10 h à 12 h et de 14 h 30 à 18 h 30 du 2 mai au 30 septembre. De 10 h à 12 h et de 14 h à 17 h du 1er octobre au 30 avril • Fermé les dimanche matin, lundi et en novembre.
TARIF • Gratuit.

Après quelques travaux, le musée rouvre ses portes : un thème, lié à l'archéologie, est choisi pour l'année, dans le cadre des ateliers. Vos enfants pourront y participer le mercredi (1 fois par mois), s'ils ont de 7 à 13 ans. De plus, c'est une animation gratuite !

Musée d'Art naïf

Château Sainte-Hélène,
avenue Val-Marie, 06000 Nice
Tél. 93 71 78 33

Animations pour les groupes scolaires.

Musée des Arts et traditions populaires

Palais Lascaris, 15 rue Droite
06000 Nice
Tél. 93 62 05 54

HORAIRES • De 9 h 30 à 12 h et de 14 h 30 à 18 h, sauf lundi et novembre.
TARIF • Gratuit.

Des initiatives sympathiques dans ce musée niçois ! Les animations, gratuites, ont lieu le mercredi (à l'exception des vacances) et concernent les enfants de 5 à 12 ans. Les thèmes varient en fonction des expositions. Par exemple : après une promenade dans le quartier du Vieux Nice, les enfants réaliseront des poteries, bâtiront une maison en maquette...

Musée des Beaux-arts

33 avenue des Baumettes
06000 Nice
Tél. 93 44 50 72

Animations pour les groupes scolaires.

Musée Chagall

Avenue du Docteur-Ménard
06000 Nice
Tél. 93 81 75 75

Les animations sont réservées aux groupes scolaires. Contacter : Mylène Sinor.

Muséum d'Histoire naturelle

2 musées font partie du muséum

1. Musée Barla

60 bis boulevard Risso
06000 Nice
Tél. 93 55 15 24

Les sciences de la terre.
HORAIRES • De 9 h à 12 h et de 14 h à 18 h, sauf mardi et du 15 avril au 15 septembre.
TARIF • Gratuit.

Le musée ne propose des activités qu'aux groupes scolaires par l'intermédiaire du CAIDEM (organisme municipal).

2. Galerie de Malacologie

3 cours Saleya, marché aux Fleurs, Vieux Nice, 06000 Nice
Tél. 93 85 18 44

Coquillages, aquariums.
HORAIRES • De 11 h à 13 h et de 14 h à 19 h, sauf dimanche, lundi et jours fériés, et en novembre.
TARIF • Gratuit.

Ici, même les plus petits seront comme des poissons dans l'eau ! On leur donnera, gratuitement, des crayons et des coloriages. De plus, des tabourets sont prévus pour qu'ils soient à la bonne hauteur devant les nombreux aquariums.

Musée Masséna

65 rue de France
06000 Nice
Tél. 93 88 11 34

Histoire locale.

Animations pour les groupes scolaires.

Musée Naval

Tour Bellanda, parc du Château
06000 Nice
Tél. 93 80 47 61

L'histoire maritime de Nice et de sa région.
HORAIRES • De 10 h à 12 h et de 14 h à 17 h du 1er octobre au 31 mai. De 10 h à 12 h et de 14 h à 19 h du 1er juin au 30 septembre • Fermé mardi et certains jours fériés.

Pour la grande joie des enfants : des maquettes de bateaux, mais aussi des canons, des instruments de marine... Le musée est en cours de spécialisation sur la navigation sportive et de plaisance.

Pour les visites guidées, s'adresser au musée Masséna.

Musée de Paléontologie humaine de Terra Amata

25 boulevard Carnot, 06000 Nice
Tél. 93 55 59 93

La préhistoire.
HORAIRES • De 10 h à 12 h et de 14 h à 19 h (18 h du 1er octobre au 1er avril), sauf lundi et jours fériés.
TARIF • Gratuit.

Un questionnaire gratuit (pour les 8-12 ans), des reconstitutions d'habitat grandeur nature... animeront votre visite dans ce musée. Les visites commentées sont réservées aux scolaires.

Centre historique de l'Automobile française

84 avenue Georges-Clemenceau
51100 Reims
Tél. 26 82 83 84

HORAIRES • De 10 h à 12 h et de 14 h à 19 h • Uniquement les samedi, dimanche et fêtes en décembre, janvier et février.
TARIF • 20 F.

Une fantastique collection d'automobiles françaises enchantera vos enfants et ils seront verts de jalousie devant la rarissime collection de 2000 modèles réduits.

Ancien Collège des Jésuites

1 place Museux, 51100 Reims
Tél. 26 85 51 50

HORAIRES • A 15 h le samedi et à 14 h 45, 15 h 30 et 16 h 45 le dimanche. Visite commentée du planétarium, venez 15 mn avant.
TARIFS : 7 F. 3,50 F pour les enfants.

Emmenez vos enfants à la visite du planétarium.

Musée Saint-Rémi

53 rue Simon, 51100 Reims
Tél. 26 85 23 36

Archéologie, civilisation gallo-romaine, section d'histoire militaire.
HORAIRES • De 14 h à 18 h 30 tous les jours. De 14 h à 19 h le week-end.

Lorsque toutes les salles seront ouvertes, le tout récent service éducatif proposera peut-être des activités à vos enfants. Les groupes scolaires ont déjà droit à de nombreux questionnaires.

Musée des Beaux-Arts

20 quai Émile-Zola, 35000 Rennes
Tél. 99 28 55 85

HORAIRES • De 10 h à 12 h et de 14 h à 18 h, sauf mardi.
TARIFS • 4,20 F • Visites commentées pour groupes : 85 F.

Grand musée de peinture, mais hélas ! aucune animation pour les enfants !

Musée de Bretagne

20 quai Émile-Zola, 35100 Rennes
Tél. 99 28 55 55, poste 55 84

HORAIRES • De 10 h à 12 h et de 14 h à 18 h, sauf mardi et jours fériés.
TARIFS • 10 F. 5 F pour les enfants.

C'est un très riche musée d'art et traditions populaires. Il n'y a pas d'activités particulières pour les enfants, mais de nombreux montages audiovisuels sont à leur disposition. Exemple : mammifères marins sur les côtes bretonnes, mariages en Bretagne... Des visites commentées du musée sont proposées aux adolescents et aux adultes. Téléphoner au musée.

ÉCOMUSÉE DU PAYS DE RENNES : LA BINTINAIS

Route de Châtillon-sur-Seiche
35200 Rennes
Tél. 99 51 38 15

HORAIRES • De 13 h à 17 h l'hiver, de 13 h à 19 h l'été, sauf mardi • Fermé du 15 décembre au 15 janvier.
TARIFS • 20 F. 10 F pour les 6-14 ans.

Le principe même du musée est de faire découvrir, de la manière la plus vivante, l'histoire rurale de la campagne rennoise, dans cette ferme de la Bintinais. Pour cela : reconstitution d'habitat, diaporamas, spectacles audiovisuels... De quoi ravir les enfants !

A l'extérieur, 10 hectares ont été remis en culture pour expliquer l'évolution des méthodes agraires. Un espace est réservé aux animations et démonstrations, et les visiteurs disposent d'une aire de pique-nique.

MUSÉE DES ANTIQUITÉS

Cloître Sainte-Marie,
198 rue Beauvoisine, 76000 Rouen
Tél. 35 98 55 10

Antiquité, Moyen Age, Renaissance.
HORAIRES • De 10 h à 12 h et de 14 h à 18 h 30, sauf jeudi et jours fériés.
TARIF • 4 F.

Il existe dans ce musée des activités superbes pour les enfants de 10-12 ans : les ateliers du mercredi matin ou après-midi.

Ils sont basés sur le jeu et les activités manuelles, et l'inscription se fait soit pour l'année, soit pour un cycle. Par exemple : l'atelier sur l'Égypte avec fiches documentaires, création de sarcophages et bien d'autres choses encore... A la fin du cycle, un voyage au musée du Louvre à Paris est proposé.

Hélas ! faute de subventions suffisantes, vous devez payer 585 F d'inscription... fournitures comprises !

Les scolaires ne sont pas oubliés, et des visites très attrayantes sont organisées pour eux.

MUSÉE DES BEAUX-ARTS

Square Verdrel, 76000 Rouen
Tél. 35 71 28 40

Peinture, sculpture, objets d'art.
HORAIRES • De 10 h à 12 h et de 14 h à 18 h, sauf mardi, mercredi matin et jours fériés.
TARIFS • 10 F. Gratuit pour les Rouennais. L'entrée est valable aussi pour les musées de ferronnerie et de céramique.

Dans un an, il y aura peut-être des activités pour les petits visiteurs individuels.

Musée de Céramiques

Hôtel d'Hocqueville, 1 rue Faucon
76000 Rouen
Tél. 35 07 31 74

Collection de faïences de Rouen et de céramiques.
HORAIRES • Mêmes heures d'ouverture que les Beaux-Arts.
TARIF • Gratuit pour les Rouennais.

Les animations sont réservées aux groupes scolaires, mais rien ne vous empêche de profiter, pour 140 F, d'une conférence, en constituant un petit groupe, ou bien, tout simplement, d'admirer les collections d'animaux naturalisés. Les aquariums sont parfois ouverts le dimanche.

Musée national de l'Éducation

185 rue Eau-de-Robec, 76000 Rouen
Tél. 35 75 49 70

L'histoire de l'éducation.
HORAIRES • De 13 h à 18 h, sauf dimanche et jours fériés.
TARIF • 5 F.

Des expositions temporaires importantes donnent lieu à chaque fois à des activités, hélas ! réservées aux scolaires !

Musée Jeanne-d'Arc

33 place du Vieux-Marché
76000 Rouen
Tél. 35 88 02 70

Galerie de cire retraçant la vie de Jeanne d'Arc.
HORAIRES • De 9 h 30 à 18 h 30, tous les jours du 1er mai au 30 septembre. De 10 h à 12 h et de 14 h à 18 h 30, sauf lundi, le reste de l'année.
TARIFS • 15 F. 7 F pour les enfants.

Jeanne d'Arc en cire et en os ! De quoi faire rêver plus d'un enfant, d'autant plus que la visite est audio-commentée !

Muséum d'Histoire naturelle, ethnographie et préhistoire

198 rue Beauvoisine, 76000 Rouen
Tél. 35 71 41 50

HORAIRES • De 9 h 45 à 12 h et de 13 h 45 à 17 h 30, du mercredi au samedi. De 14 h à 19 h le dimanche.
TARIFS • 5 F. Gratuit pour les Rouennais.

Musée Le Secq-des-Tournelles

Ancienne église Saint-Laurent
rue Jacques-Villon, 76000 Rouen

Collection de ferronnerie.
HORAIRES • Mêmes heures d'ouverture que les Beaux-Arts.
TARIF • Gratuit pour les Rouennais.

MUSÉE D'ART ET D'INDUSTRIE

8 place Louis-Comte
42000 Saint-Étienne
Tél. 77 33 04 85

Collection d'armes, de textiles...
HORAIRES • De 10 h à 12 h et de 14 h à 17 h, sauf mardi.
TARIF • Gratuit.

La collection des beaux-arts s'installe au musée d'Art moderne, à Saint-Priest, ce qui permet aux collections restantes d'être présentées d'une façon plus attrayante, avec même un salon de repos, un atelier pour les enfants et un centre de documentation et d'audiovisuel.

Des animations pour les enfants venant individuellement vont être mises en place. Pour tous renseignements, téléphoner au musée.

MUSÉE D'ART MODERNE

En cours d'installation à Saint-Priest

« Parents, comment visiter une exposition avec vos enfants ? » Voilà une des nombreuses initiatives géniales de ce musée, qui propose aussi des ateliers, des animations, des visites.

Ateliers avec accueil prévu pour les enfants :

mercredi matin, 7-12 ans ;

mercredi après-midi, plus de 12 ans ;

samedi matin, 17-25 ans ;

samedi après-midi, adultes et enfants.

MUSÉE ALSACIEN DE STRASBOURG

23 quai Saint-Nicolas
67000 Strasbourg
Tél. 88 35 55 36

Art et traditions populaires.
HORAIRES • De 10 h à 12 h et de 14 h à 18 h, sauf le mardi, d'avril à septembre. De 14 h à 18 h, d'octobre à mars • Fermé mardi et jours fériés. Le dimanche de 10 h à 12 h et de 14 h à 18 h.

Au moment des fêtes (Noël, Pâques, fête des Mères...), des animations sont prévues pour les enfants. Téléphoner au musée.

MUSÉE D'ART MODERNE

1 rue du Vieux-Marché-aux-Poissons
67000 Strasbourg
Tél. 88 32 46 07

Visites guidées pour les groupes scolaires uniquement.

MUSÉE DE L'ŒUVRE DE NOTRE-DAME

3 place du Château, 67000 Strasbourg
Tél. 88 32 06 39

Des visites sont prévues pour les groupes scolaires uniquement.

Musée Zoologique de l'Université et de la Ville

29 boulevard de la Victoire
67000 Strasbourg
Tél. 88 35 85 35

HORAIRES • De 14 h à 18 h, sauf mardi, d'octobre à mars. De 14 h à 18 h, tous les jours, du 1er avril à fin septembre. De 10 h à 12 h et de 14 h à 18 h les dimanche et mercredi • Fermé les jours fériés.
TARIF • Gratuit.

La devise du musée : « Distraire en éduquant » ; tout un programme pour les enfants amoureux de la nature ! Ils pourront voir un grand diaporama sur les animaux des régions froides, un juke-box relié à une vitrine qui diffuse les chants d'oiseaux d'Alsace, une salle consacrée à la protection de la nature...

Pendant les expositions temporaires, des animations sont organisées pour les enfants. Une bibliothèque spécialisée les accueille toute l'année. Un club Nature super dynamique fonctionne avec le musée :

le mercredi après-midi à 14 h pour les 10-13 ans ;

le samedi après-midi à 14 h pour les 14-18 ans.

L'inscription coûte 150 F pour l'année. Dans ce club, vos enfants découvriront la nature et apprendront à la protéger (sorties à pied, à ski, en canoë...).

Musée Mémorial du Débarquement

Mont Faron 83000 Toulon
Tél. 94 93 41 01

HORAIRES • De 9 h 30 à 12 h et de 14 h 30 à 19 h.
TARIFS • 15 F • 7 F pour les 4-10 ans.

Départ des cabines toutes les 10 mn, de la gare inférieure, boulevard de l'Amiral-Vence, au Super-Toulon.

A partir de 10 ans, ils pourront s'intéresser au débarquement, rendu vivant grâce à un diaporama de 12 mn et à une séance de cinéma de 15 mn.

Muséum d'Histoire Naturelle

113 boulevard du Maréchal-Leclerc
83000 Toulon
Tél. 94 93 15 54

Minéraux et fossiles de la région. Animaux naturalisés, avec photographies et fiches explicatives.
HORAIRES • De 9 h 30 à 11 h 45 et de 14 h à 17 h 45, sauf jours fériés.

Vous allez pouvoir profiter de formidables films pédagogiques qui passionneront vos enfants. Exemple : safari chez les abeilles, les animaux du grand Nord... Pour les horaires et les réservations, il suffit de téléphoner au musée, poste 15. C'est gratuit.

Des visites guidées sont organisées pendant les expositions temporaires pour les groupes : c'est gratuit ! Invitez donc les copains et les copines...

Musée de la Marine

Place Ingénieur-Monsenergue
83000 Toulon
Tél. 94 02 02 01

Des galères à nos jours (70 maquettes).
HORAIRES • De 10 h à 12 h et de 13 h 30 à 18 h, sauf mardi.
TARIFS • 16 F. 8 F pour les enfants.

Projet d'animation qui s'adressera peut-être aux enfants venant individuellement. Visite guidée sur demande. Se renseigner au musée.

Musée Naval de la Tour-Royale

Pointe de la Mitre, Le Mourillon
83000 Toulon
Tél. 94 24 90 00, poste 22 791

HORAIRES • De 15 h à 18 h, sauf dimanche et lundi, du 1er novembre au 22 décembre et du 1er janvier au 1er mars.
TARIFS • 10 F. 5 F pour les enfants.

Les visites étant uniquement guidées, n'y emmenez pas des enfants trop jeunes. A partir de 8-10 ans, ils se régaleront de voir dans une tour des canons et des figures de proue.

Musée de Toulon

113 boulevard du Maréchal-Leclerc
83000 Toulon
Tél. 94 93 15 54

Peinture, sculpture, photographie...
HORAIRES • De 13 h à 19 h, sauf jours fériés.

Difficile de vous renseigner, les animations fonctionnent par périodes uniquement et, principalement, sur les expositions temporaires. A vous de jouer !

Musée de l'Affiche, de la Carte postale et des Arts graphiques

58 allée Charles-de-Fitte
31000 Toulouse
Tél. 61 59 24 64 ou 61 59 11 22

HORAIRES • De 9 h à 12 h et de 14 h à 18 h, sauf samedi, dimanche et jours fériés.

Depuis 1983, ce musée propose aux enfants et aux classes de nombreuses animations.

Quelle que soit l'heure à laquelle vous arrivez, un accueil chaleureux vous sera réservé : du matériel sera donné à votre enfant pour qu'il dessine en fonction de l'exposition, et on vous confiera une fiche pédagogique. Un commentateur est toujours présent pour répondre à vos questions et à celles de vos enfants.

Musée des Augustins

21 rue de Metz
31000 Toulouse
Tél. 61 22 21 82 ou 61 23 55 07

HORAIRES • De 10 h à 12 h et de 14 h à 18 h, sauf mardi et jours fériés • Nocturne le mercredi.

Des visites guidées pour enfants sont organisées le mercredi de 14 h à 16 h, gratuitement. Les programmes sont disponibles au musée, au syndicat d'initiative et dans les journaux régionaux. Ils changent tous les 15 jours.

Musée Paul-Dupuy

13 rue de la Pléau, 31000 Toulouse
Tél. 61 22 21 83

HORAIRES • De 10 h à 12 h et de 14 h à 18 h, sauf mardi et dimanche matin.

Des visites guidées pour enfants sont organisées le mercredi de 14 h à 16 h gratuitement. Les programmes sont disponibles au musée, au syndicat d'initiative et dans les journaux régionaux. Ils changent tous les 15 jours.

Muséum d'Histoire naturelle

35 allée Jules-Guesde
31000 Toulouse
Tél. 61 52 00 14

HORAIRES • De 14 h 30 à 17 h, sauf mardi • Sans interruption l'été.

Les visites commentées sont réservées aux groupes scolaires, mais une bibliothèque enfantine se trouve dans le musée. Elle est ouverte aux enfants de 6 à 14 ans, tous les après-midi de 14 h à 18 h pendant les vacances, et de 16 h à 18 h pendant les périodes scolaires (sauf mardi et dimanche).

Musée Georges-Labit

43 rue des Martyrs-de-la-Libération
31000 Toulouse
Tél. 61 22 21 84

HORAIRES • De 10 h à 12 h et de 14 h à 18 h, sauf mardi et dimanche matin.

Des visites guidées pour enfants sont organisées le mercredi de 14 h à 16 h, gratuitement. Les programmes sont disponibles au musée, au syndicat d'initiative et dans les journaux régionaux. Ils changent tous les 15 jours.

Musée Saint-Raymond

Place Saint-Sernin, 31000 Toulouse
Tél. 61 22 21 85

HORAIRES • De 10 h à 12 h et de 14 h à 18 h, sauf mardi et dimanche matin.

Des visites guidées pour enfants sont organisées le mercredi de 14 h à 16 h gratuitement. Les programmes sont disponibles au musée, au syndicat d'initiative et dans les journaux régionaux. Ils changent tous les jours.

Un musée d'Art moderne s'ouvrira bientôt à Toulouse. Renseignements : 61 22 21 94.

Index Alphabétique Paris

INDEX ALPHABÉTIQUE ILE-DE-FRANCE

77 - SEINE-ET-MARNE

78 - YVELINES

91 - ESSONNE

92 - HAUTS-DE-SEINE

93 - SEINE-SAINT-DENIS

94 - VAL-DE-MARNE

95 - VAL-D'OISE

INDEX GÉOGRAPHIQUE
PARIS

INDEX GÉOGRAPHIQUE ILE-DE-FRANCE

78 - YVELINES

91 - ESSONNE

92 - HAUTS-DE-SEINE

93 - SEINE-SAINT-DENIS

94 - VAL-DE-MARNE

95 - VAL-D'OISE

Index Thématique

CINÉMA

ESPACE (conquête de l')

HISTOIRE

XVIIe et XVIIIe SIÈCLES

RÉVOLUTION ET EMPIRE

XIXe et XXe SIÈCLES

HISTOIRE MILITAIRE, FORTIFICATIONS

L'HISTOIRE ABORDÉE A TRAVERS UN THÈME

INFORMATIQUE

JEUX, JOUETS

LITTÉRATURE

MÉDECINE

MINÉRALOGIE

MOBILIER ET DÉCORATION INTÉRIEURE

PLANÉTARIUMS

SCIENCES ET TECHNIQUES

SCULPTURE

TRANSPORTS

MUSÉES INSOLITES

Index Province

LES AUTRES MUSÉES PARIS

A

ADZAK (musée Roy-)
3 rue Joncquoi, 75014
45 43 06 98
De 14 h à 18 h du mardi au samedi
Sur rendez-vous

ARMÉNIEN (musée)
59 avenue Foch, 75016
45 56 15 88
De 14 h à 18 h les samedi et dimanche. Gratuit.

ART ET D'ESSAI (musée d')
Palais de Tokyo
13 avenue du Président-Wilson
75116
47 23 36 53
De 9 h 45 à 17 h 15, sauf mardi

ART JUIF (musée d')
42 rue des Saules, 75018
42 57 84 15
De 15 h à 18 h sauf vendredi, samedi
Fermé en août et pour les fêtes juives

ASSISTANCE PUBLIQUE (musée de l')
47 quai de la Tournelle, 75005
46 33 01 43
De 10 h à 17 h du mercredi au dimanche

B

BACCARAT
(musée des cristalleries)
30 bis rue de Paradis, 75010
47 70 64 30
De 9 h à 18 h du lundi au vendredi
De 10 h à 12 h et de 14 h à 17 h 30 le samedi

BARREAU DE PARIS (musée du)
25 rue du Jour, 75001
47 83 50 03
Sur rendez-vous. Gratuit

BIBLE ET DE LA TERRE SAINTE (musée de la)
Institut catholique
21 rue d'Assas, 75006
45 48 24 87
Fermé pour l'instant

BOUCHARD (atelier-musée Henri-)
25 rue de l'Yvette, 75016
46 47 63 46
De 14 h à 19 h les mercredi et samedi
Fermé les 15 derniers jours de chaque trimestre

BOUILHET-CHRISTOFLE (musée)
12 rue Royale, 75008
42 60 34 07
De 10 h à 13 h et de 14 h à 18 h du lundi au vendredi
Gratuit. Pas de visite libre

BRANLY (musée)
Institut catholique
21 rue d'Assas, 75006
45 48 24 87
De 9 h à 12 h et de 14 h à 18 h du lundi au vendredi

BRICARD (musée)
1 rue de la Perle, 75003
42 77 79 62
De 10 h à 12 h et de 14 h à 17 h du mardi au samedi

C

CERNUSCHI (musée)
Musée d'art chinois de la Ville de Paris
7 avenue Vélasquez, 75008
45 63 50 75
De 10 h à 17 h 40, sauf lundi et 15 août

CLEMENCEAU (musée)
8 rue Franklin, 75016
45 20 53 41
De 14 h à 17 h les mardi, jeudi, samedi et dimanche

COGNACQ-JAY (musée)
25 boulevard des Capucines, 75002
42 61 94 54
De 10 h à 17 h 40, sauf lundi

CONTREFAÇON (musée de la)
16 rue de la Faisanderie, 75016
45 01 51 11
De 9 h à 13 h et de 14 h à 17 h du lundi au vendredi
Gratuit

CROS (musée Charles-)
Galerie Colbert
4 rue Vivienne
6 rue des Petits-Champs

D

DELACROIX (musée national Eugène-)
6 rue de Furstenberg, 75006
43 54 04 87
De 9 h 45 à 17 h 15, sauf mardi

G

GRAND ORIENT DE FRANCE ET DE LA FRANC-MAÇONNERIE (musée du)
16 rue Cadet, 75009
45 23 20 92
De 14 h à 18 h du lundi au samedi

H

HAUY (musée Valentin-)
5-7 rue Duroc, 75007
47 34 07 90

HERMÈS (musée)
24 rue du Faubourg-Saint-Honoré
75008
42 65 21 60
Sur demande

HISTOIRE DE FRANCE
(musée de l')
Archives nationales
60 rue des Francs-Bourgeois, 75003
42 77 11 30
De 14 h à 17 h, sauf mardi

HISTOIRE DE LA MÉDECINE
(musée d')
Université de Paris VII
12 rue de l'École-de-Médecine
75006
De 14 h à 17 h les mercredi, vendredi et samedi pendant l'année universitaire
Sur rendez-vous. Gratuit

HISTOIRE DU PROTESTANTISME
(musée de l')
54 rue des Saints-Pères, 75006
45 48 62 07
Dans la bibliothèque

HISTORIAL DE MONTMARTRE
11 rue Poulbot, 75018
46 06 78 92

J

JACQUEMART-ANDRÉ (musée)
158 boulevard Haussmann, 75008
42 89 04 91
De 13 h 30 à 17 h 30, sauf lundi
Expositions temporaires

L

LÉGION D'HONNEUR
(musée national de la)
2 rue de Bellechasse, 75007
45 55 95 16
De 14 h à 17 h, sauf lundi

LUNETTES ET LORGNETTES DE JADIS (musée des)
2 avenue Mozart, 75016
45 27 21 05
De 10 h à 12 h et de 15 h à 18 h, sauf dimanche, lundi, et en août
Gratuit

LUXEMBOURG (musée du)
19 rue de Vaugirard, 75006
42 34 25 95
De 11 h à 18 h, sauf lundi
Nocturne jusqu'à 22 h le jeudi
Expositions temporaires

M

MÉDAILLES ET ANTIQUES
(cabinet des)
Bibliothèque nationale
58 rue de Richelieu, 75002
47 03 81 26
De 13 h à 17 h, sauf dimanche

MINÉRALOGIE (collection de)
4 place Jussieu, tour 25, 75005
43 36 25 25, poste 52 88
De 15 h à 17 h les mercredi et samedi, sauf vacances universitaires

MODE ET DU COSTUME
(musée de la)
Palais Galliera
10 avenue Pierre-Ier-de-Serbie
75016
47 20 85 46
De 10 h à 17 h 40, sauf lundi
Expositions temporaires

MONTMARTRE (musée de)
12 rue Cortot, 75018
46 06 61 11
De 14 h 30 à 17 h 30, sauf lundi
De 11 h à 17 h 30 le dimanche

N

NOTRE-DAME DE PARIS
(musée de)
10 rue du Cloître-Notre-Dame
75004
43 25 42 92
De 14 h 30 à 18 h les mercredi, samedi et dimanche

O

OBSERVATOIRE (musée de l')
61 avenue de l'Observatoire, 75014
43 20 12 10
Sur rendez-vous

OPÉRA (musée de l')
Palais Garnier
1 place Charles-Garnier, 75009
42 66 50 22
De 10 h à 16 h 30, sauf dimanche

ORANGERIE DES TUILERIES
(musée de l')
Jardin des Tuileries
Place de la Concorde, 75001
42 65 99 48
De 9 h 45 à 17 h 15, sauf mardi

ORDRE DE LA LIBÉRATION
51 bis boulevard de Latour-Maubourg
75007
47 05 35 15
De 14 h à 17 h, sauf dimanche

ORFILA (musée)
Université Descartes
45 rue des Saints-Pères, 75006
42 60 37 20
Fermé pour l'instant

P

PALÉONTOLOGIE (collection de)
4, place Jussieu, tour 25, 75005
43 36 25 25, poste 58 70
De 15 h à 17 h les mercredi et samedi, sauf vacances
Gratuit

PARFUMERIE FRAGONARD
(musée de la)
9 rue Scribe, 75009
47 42 93 40
De 9 h 30 à 17 h 30, sauf dimanche
Gratuit

PAVILLON DES ARTS
101 rue Rambuteau, 75001
42 33 82 50
De 10 h à 17 h 40, sauf lundi

POLONAISE
(collections artistiques de la société)
Musée Adam-Mickiewicz
6 quai d'Orléans, 75004
43 54 35 61
De 15 h à 18 h le jeudi

PUBLICITÉ (musée de la)
18 rue de Paradis, 75010
48 24 50 04
De 12 h à 17 h 30, sauf mardi

S

SEITA (musée du)
12 rue Surcouf, 75007
45 55 91 50
De 11 h à 18 h, sauf dimanche et jours fériés

T

TESSIN (institut)
Centre culturel suédois
11 rue Payenne, 75003
42 71 82 20
De 12 h à 18 h du lundi au vendredi
De 14 h à 18 h les samedi et dimanche

V

VAL-DE-GRÂCE (musée du)
Hôpital militaire
Boulevard du Port-Royal, 75005
43 29 12 31
Fermé pour travaux

VIN (musée du)
Caveau des Échansons
5-7 square Charles-Dickens, 75016
45 25 63 26
De 12 h à 18 h, sauf lundi

VUITTON (musée)
78 bis avenue Marceau, 75008
47 20 47 00
De 9 h 30 à 18 h 30, sauf samedi et dimanche

LES AUTRES MUSÉES ILE-DE-FRANCE

A

ABBAYE DE PORT-ROYAL-DES-CHAMPS
Magny-les-Hameaux
78470 Saint-Rémy-lès-Chevreuse
30 43 74 93
De 14 h 30 à 17 h 30 les samedi et dimanche

ARBORETUM DE CHEVRELOUP
30 route de Versailles
78150 Rocquencourt
39 55 53 80
Visite guidée les samedi et dimanche à 10 h et 14 h 30
Visite libre les mercredi, samedi et dimanche de 10 h à 17 h 15 du 15 avril au 15 novembre

ARCHÉOLOGIQUE DE PARMAIN (collection)
Hôtel de Ville
Place Georges-Clemenceau
95620 Parmain
34 73 02 28
De 9 h à 12 h et de 14 h à 17 h, sauf dimanche

ARGENTEUIL (musée du Vieil-)
5 rue Pierre-Guienne
95100 Argenteuil
39 47 64 97
De 13 h 30 à 17 h les mercredi, samedi et dimanche

ART FIGURATIF CONTEMPORAIN (musée d')
43 rue Royale
77300 Fontainebleau
64 22 60 23
De 14 h à 17 h 30, sauf mardi, mercredi et mois d'août

ART RELIGIEUX LOCAL ET ART RURAL ANCIEN (musée d')
Église de Craches
78660 Craches
par Prunay-en-Yvelines
M. Lamarche : 39 59 14 79
De 15 h à 19 h tous les dimanche ou sur rendez-vous pour les groupes

ARTS ET TRADITIONS POPULAIRES (musée des)
Le Moulin neuf
Route de Rochefort
78730 Saint-Arnoult-en-Yvelines
30 41 27 55

AUBERGE GANNE
Grande-Rue
77630 Barbizon
60 66 46 73
De 10 h à 18 h, sauf mardi

AUBERT (musée d'histoire et d'archéologie)
Le Prieuré

Rue Quincampoix
78580 Maule
30 90 81 24
De 15 h à 17 h 30 le 1er week-end de chaque mois ou sur rendez-vous à M. Treboit : 30 90 81 24 ou à Mme Cosyms : 30 90 84 26

B

BERNARD (musée Joseph-)
Fondation de Coubertin
78470 Saint-Rémy-lès-Chevreuse
30 52 01 43
Pas encore ouvert

BLUM (musée Léon-)
Clos des Metz
4 rue Léon-Blum
78350 Jouy-en-Josas
39 46 50 24
De 14 h à 17 h les mardi, jeudi, samedi et dimanche

BONNET (musée Gatien-)
8 cour de la Gourdine
77400 Lagny-sur-Marne
64 30 30 78
De 14 h à 18 h du mercredi au dimanche
Gratuit

BONNO (musée Alfred-)
Place de la République
77500 Chelles
64 21 27 85
De 14 h à 18 h, sauf mardi et dimanche
De 9 h à 12 h et de 14 h à 18 h le mercredi
Gratuit

BOSSUET (musée)
5 place Charles-de-Gaulle
77100 Meaux
64 34 84 55
De 10 h à 12 h et de 14 h à 18 h, sauf mardi
Gratuit

BOUILHET-CHRISTOFLE (musée)
112 rue Ambroise-Croizat
93206 Saint-Denis
48 20 61 23
De 9 h à 13 h et de 14 h à 17 h du lundi au jeudi (18 h le vendredi), sauf en juillet et août

BOULOGNE (musée municipal de)
26 avenue André-Morizet
annexe de la mairie de Boulogne
92100 Boulogne-Billancourt
46 84 77 39
De 8 h 30 à 12 h et de 14 h à 17 h 30 du lundi au jeudi
De 8 h 30 à 12 h et de 14 h à 16 h 30 le vendredi
De 9 h 30 à 12 h le samedi
Ouvert le week-end pendant les expositions

BRAILLE (musée Louis-)
Rue Louis-Braille
77450 Coupvray
60 04 22 85
De 10 h à 12 h et de 14 h à 18 h, sauf mardi
De 14 h à 17 h du 1er octobre au 1er avril
Gratuit

BRAY-SUR-SEINE (musée de)
Hôtel de Ville
77480 Bray-sur-Seine
M. Mordant : 60 67 12 61

BRIARD (musée)
Cryptes de l'Abbaye
77640 Jouarre
60 22 06 04
Du 1er juillet au 1er octobre

BRUNOY (musée municipal de)
16 rue du Réveillon
91800 Brunoy
60 46 33 60
De 14 h 30 à 17 h les samedi et dimanche

C

CACHIN (musée Marcel-)
9 rue Auguste-Blanqui
94600 Choisy-le-Roi
48 52 16 80
De 15 h à 18 h les 2e et 4e samedis de chaque mois
Gratuit

CASSE-TÊTE (musée du)
13 rue Paul-Laguesse
Chessy - 77144 Montevrain
64 36 82 90
De 14 h à 19 h du 15 avril au 15 octobre, samedi, dimanche et jours fériés.

CHAPU (musée Henri-)
937 rue Chapu
77350 Le Mée-sur-Seine
64 39 52 73
De 15 h à 18 h les mercredi, samedi et dimanche
De 14 h à 17 h le lundi
Gratuit

COLLÈGE MILITAIRE DE SAINT-CYR-L'ÉCOLE
(musée national du)
2 rue Jean-Jaurès
78210 Saint-Cyr-l'École
34 60 61 90, poste 306
Sur rendez-vous

CRÉCY-LA-CHAPELLE
(musée municipal de)
Rue de la Tour-aux-Saints
77580 Crécy-la-Chapelle
Mme Gelet : 64 35 83 46
De 15 h à 18 h les samedi et dimanche, de mi-juin à mi-septembre

D

DEBUSSY (musée)
38 rue au Pain
78100 Saint-Germain-en-Laye
Ouvrira en 1988

DOURDAN (musée du château de)
Place du Général-de-Gaulle
91140 Dourdan
64 59 66 83
du mercredi au dimanche de 10 h à 12 h et de 14 h à 18 h (17 h le vendredi

DUMAS (musée Alexandre)
Château de Monte Cristo
Avenue du Président-Kennedy
78160 Port-Marly
39 16 49 49
De 15 h à 17 h le dimanche

DUNOYER-DE-SEGONZAC
(musée)
Hôtel de Ville
Place Dunoyer-de-Segonzac
91800 Boussy-Saint-Antoine
69 00 81 79
De 15 h à 18 h du mardi au samedi
Gratuit

E

ÉCOLE DE BARBIZON
(musée de l')
Mairie de Grez-sur-Loing
77880 Grez-sur-Loing
64 45 95 15
De 10 h à 12 h et de 16 h à 18 h du mardi au vendredi
De 10 h à 12 h le samedi

ÉCOLE VÉTÉRINAIRE
(musée de l')
7 avenue du Général-de-Gaulle
94700 Maisons-Alfort
43 96 71 00
De 9 h à 17 h les mercredi et samedi
Téléphoner au préalable

ÉCOMUSÉE DE FRESNES
Ferme de Cotlinville
41 rue Maurine-Tenine
94260 Fresnes
46 66 08 10, poste 45 41

De 10 h à 12 h et de 14 h à 18 h, sauf lundi
De 14 h à 18 h les mardi et dimanche

ÉCOMUSÉE DE SAINT-QUENTIN-EN-YVELINES
Commanderie des Templiers de la Villedieu
78310 Élancourt
30 50 82 21

ÉCOMUSÉE DE SAVIGNY-LE-TEMPLE
Conservateur : M. Wasserman
64 41 75 15
Pas encore ouvert

ERMONT (musée municipal d')
9 rue de la République
95120 Ermont
34 13 05 25
De 14 h 30 à 18 h les mardi, jeudi et vendredi
De 10 h à 12 h 15 et de 14 h 30 à 18 h le mercredi
De 10 h à 12 h et de 14 h 30 à 17 h le samedi
Fermé les jours fériés et en août

ÉTAMPES (musée d')
Hôtel de Ville
91150 Étampes
64 94 84 07
De 14 h à 17 h, sauf lundi et dernier dimanche de chaque mois
De 15 h à 18 h les autres dimanches

F

FAÏENCERIE (musée municipal de la)
2 rue Danièle-Casanova
77130 Montereau
64 32 95 64
De 14 h à 18 h les samedi et dimanche toute l'année
De 14 h à 18 h, sauf mardi, du 1er juin au 15 septembre

FEMME ET DES AUTOMATES (musée de la)
12 rue du Centre
92200 Neuilly
47 45 29 40
De 14 h 30 à 17 h, sauf mardi
Visite guidée obligatoire à 15 h

G

GAMBETTA (maison de)
« Les jardies »
14 avenue Gambetta
92310 Sèvres
45 34 61 22
De 10 h à 12 h et de 14 h à 17 h, sauf mardi et mercredi

GAUDIN (musée Pierre-)
31 rue Cartault
92800 Puteaux
47 75 09 68
De 14 h 30 à 16 h le lundi
De 14 h 30 à 18 h le mercredi
De 14 h 30 à 17 h 30 les jeudi et samedi
Gratuit

GENDARMERIE (musée de la)
École des officiers de la gendarmerie nationale
77 Meulun
64 52 22 90
De 8 h à 12 h et de 14 h à 18 h, sauf week-end
Après accord téléphonique préalable

GRANGES DE PORT-ROYAL (musée national des)
Magny-les-Hameaux
78470 Saint-Rémy-lès-Chevreuse
30 43 73 05
De 10 h à 11 h 30 et de 14 h à 17 h 30, sauf mardi

H

HISTOIRE VIVANTE (musée de l')
Château de Montreau

31 boulevard Théophile-Sueur
93100 Montreuil
48 54 85 66
Ouvrira en 1988

HISTOIRE DE POISSY (musée d')
12 rue Saint-Louis
78300 Poissy
39 65 06 06
De 8 h 30 à 12 h et de 14 h à 17 h 30, sauf lundi, mardi et jours fériés
Gratuit

I

INFORMATIQUE
(musée français de l')
Conservatoire Blaise-Pascal
ancienne chocolaterie Menier
Noisiel - 77420 Champs-sur-Marne
Ouverture non fixée

J

JEAN (musée Émile-)
31 rue Louis-Lenoir
94350 Villers-sur-Marne
43 04 98 84
De 14 h 30 à 17 h le samedi

L

LAMBINET (musée)
54 boulevard de la Reine
78 Versailles
39 50 30 32
De 14 h à 18 h, sauf lundi et jours fériés (en cours d'agrandissement)

LIVRY-GARGAN (musée de)
Château de la Forêt
Avenue du Consul-Général-Nordling
Parc Lefèvre
93190 Livry-Gargan
48 88 71 46
De 14 h à 18 h, sauf mardi
Gratuit

LUCE (musée Maximilien-)
Hôtel de Ville, 2e étage
31 rue Gambetta
78200 Mantes-la-Jolie
34 77 09 65
De 14 h à 17 h 30, sauf mardi
Gratuit

M

MACQUER (musée)
Château de Cressy-en-France
77410 par Claye-Souilly
60 26 11 09
Sur rendez-vous

MARAIS (musée du château du)
Val-Saint-Germain
91530 Saint-Chéron
64 58 96 01
De 14 h à 18 h 30 du 15 mars au 15 novembre les dimanche et jours fériés

MELUN (musée municipal de)
Maison de la Vicomté
51 rue des Francs-Muriers
77010 Melun
64 39 17 91
De 10 h à 12 h et de 14 h à 18 h 30, sauf mardi et dimanche
Gratuit

MENTIENNE (musée Adrien-)
Hôtel de Ville
94360 Bry-sur-Marne
48 81 11 10
De 8 h 30 à 12 h et de 14 h à 18 h, sauf week-end
Gratuit

N

NEMOURS (musée du château de)
Rue Gautier
77140 Nemours
64 28 27 42
De 10 h à 12 h et de 14 h à

17 h les samedi, dimanche et lundi
De 14 h à 17 h les mercredi, jeudi, vendredi

P

PAYS DE FRANCE (musée du)
59 rue de la République
95400 Villiers-le-Bel
39 90 63 82
M. Guadagnin : 47 47 69 80
Sur rendez-vous

PISSARRO (musée)
17 rue du Château
95300 Pontoise
30 38 02 40
De 14 h à 18 h du mercredi au dimanche
Gratuit

PROVINOIS (musée du)
Maison Romane
Rue du Palais
77160 Provins
64 00 07 83
De 14 h à 18 h le dimanche

R

RAVEL (musée Maurice-)
Le Belvédère
Rue Maurice-Ravel
78490 Montfort-l'Amaury
34 86 00 89
De 14 h 30 à 17 h 30 les lundi, mercredi et jeudi
De 9 h à 11 h 30 et de 14 h 30 à 17 h les samedi et dimanche

ROUSSEAU (musée Théodore-)
Grande-Rue
77630 Barbizon
60 66 46 73
De 10 h à 12 h 30 et de 14 h à 18 h du 1er avril au 30 septembre, sauf mardi
Seulement week-end et jours fériés du 1er octobre au 31 mars

RUEIL-MALMAISON
(musée municipal de)
6 rue Paul-Vaillant-Couturier
92500 Rueil-Malmaison
47 32 92 33, poste 407
De 15 h à 18 h les mercredi et samedi
Gratuit

RUSSE EN EXIL (musée)
Le Moulin de Senlis
91230 Montgeron
69 03 56 25
De 14 h à 18 h les samedi et dimanche
Gratuit

S

SAINT-CLOUD
(musée municipal de)
Rue Gounod
92210 Saint-Cloud
Renseignements, mairie :
46 02 70 40
Ouvrira en 1988

SAINT-GERMAIN-EN-LAYE
(musée municipal de)
Place Maurice-Berteaux
78100 Saint-Germain-en-Laye
Ouvrira en 1989

SAINT-MAUR-DES-FOSSÉS
(musée de)
Villa Médicis
5 rue Saint-Hilaire
94210 La Varenne
48 86 33 28
De 14 h à 18 h du mercredi au samedi
De 11 h à 18 h le dimanche
Gratuit

SAINT-OUEN (musée du château de)
château de Saint-Ouen
12 rue Albert-Dhalenne
93400 Saint-Ouen
42 54 65 79

De 14 h à 18 h, sauf mardi, jours fériés et août

SAINT-PRIX (musée de)
45 rue d'Ermont
95390 Saint-Prix
34 16 19 06
De 10 h à 17 h, sauf jeudi et lundi après-midi
Sur rendez-vous

SENLENCQ (musée Louis-)
46 Grande-Rue
95290 L'Isle-Adam
34 69 45 44
De 14 h 30 à 17 h 30 les samedi, dimanche et lundi

SORDES (musée-galerie René-)
Passerelle avenue des États-Unis
92150 Suresnes
47 72 38 04
De 15 h à 19 h les mercredi, samedi et dimanche
Gratuit

T

TAVET-DELACOUR (musée)
4 rue Lemercier
95300 Pontoise
30 38 02 40
De 10 h à 12 h et de 14 h à 18 h du mercredi au dimanche
Gratuit

TOUR DE L'ABBAYE DE JOUARRE (musée de la)
6 rue Montmorin
77640 Jouarre
60 22 06 11
De 10 h à 12 h et de 14 h 30 à 17 h, sauf mardi

TRADITIONS CHASSEURS (musée des)
Fort de Vincennes
Avenue de Nogent
94300 Vincennes
43 74 11 55, poste 32 81
De 10 h à 12 h 30 et de 14 h à 17 h les mercredi et samedi
Gratuit

TRANSPORTS DE LA VALLÉE DE SAUSSERON (musée des)
Gare de Valmondois
95430 Butry-sur-Oise
34 13 98 53
De 14 h 30 à 17 h 30 les samedi et dimanche
Gratuit

TRAVAIL (musée du)
1 rue de l'Église
93370 Montfermeil
45 09 28 56
De 14 h 30 à 18 h les mercredi, vendredi et samedi
Gratuit

V

VIEUX-NOGENT (musée du)
Hôtel des Coignards
150 Grande-Rue-Charles-de-Gaulle
94130 Nogent
48 71 16 53
De 14 h à 18 h les mercredi et samedi
Gratuit

VIEUX MÉTIERS (musée des)
126 rue de Chartres
78610 Le Perray-en-Yvelines
34 84 64 69
De 14 h 30 à 18 h 30 le week-end

VINCENNES (musée du château de)
Château de Vincennes
Avenue de Paris
94300 Vincennes
43 28 15 48
De 10 h à 18 h (dernière visite à 17 h 15)

Z

ZOLA (maison d'Émile)
Maison d'Émile Zola
26 rue Pasteur
78670 Médan
39 75 35 65
Renseignements : 39 16 04 82
De 14 h à 18 h le dimanche

Aubin Imprimeur
LIGUGÉ, POITIERS

Achevé d'imprimer en juin 1988
N° d'édition : 197 / N° Imprimeur : P 27665
Dépôt légal : juin 1988 — Relié par la SIRC